Gertrud Teusen

KOMM, SPIEL MIT MIR!

50 neu entdeckte Spiele-Klassiker für die ganze Familie

for Family

migo

migo im Verlag Friedrich Oetinger, Hamburg

36 AUF DIE PLÄTZE, FERTIG, LOS!

Neun Spiele rund ums Laufen, Hüpfen und Springen

54 FÜR BESSERWISSER UND STRATEGEN

Zehn Spiele zum Knobeln und Rätseln

74 VIEL SPASS MIT (FAST) NIX

Zwölf Spiele gegen Langeweile

96 SPECIAL: RUND UMS OSTEREI

100 SPECIAL: WINTER-SPIELE

KOMM, SPIEL MIT MIR!

Wie oft haben wir das schon gehört ... und vor allem, wie oft haben wir es überhört. Zumeist bleiben Kinder beim Spielen unter sich. Sind keine Gleichaltrigen zum Spielen da, bieten Handy, PC und Tablet genügend Alternativen. Dann sind wir als Familie zwar zusammen, und doch bleibt jeder für sich. Eigentlich schade – oder?
Denn gemeinsames Spielen ist auch für Erwachsene so viel mehr als „Kinderkram". Sich auf das kindliche Spiel einzulassen, ist eine Einladung, die Welt aus Kindersicht zu betrachten. Für die Kleinen ist Spielen mitunter richtig Arbeit. Spiele fördern die Fantasie und die Konzentration. Manche verlangen Geschicklichkeit, andere strategisches Denken. Auf alle Fälle sind Engagement und Mut aller Mitspieler gefragt, denn beim Spielen geht es oft auch um Sieg oder Niederlage.
Das Spiel im Kreis der Familie ist aber auch der Stoff, aus dem gemeinsame Erinnerungen gemacht sind. Nichts bleibt nachhaltiger im Gedächtnis, als zusammen gelacht und der Fantasie freien Lauf gelassen zu haben.

WER MITEINANDER SPIELT,
DER MACHT SICH FREI VON ZWÄNGEN,
TRÜBEN GEDANKEN UND SORGEN.

Einfach noch mal Kind sein ...
wünscht ihr euch das nicht auch manchmal?

(FAST) VERGESSENE KINDERSPIELE NEU ENTDECKEN

In der Schatztruhe eurer persönlichen Kindheitserinnerungen schlummert bestimmt ein großer Fundus an Spielen, mit denen ihr euch früher mit euren Freunden die Zeit vertrieben habt. Wisst ihr noch, wie es damals war? Ohne Tablet und Handy, ohne Streamingdienste oder YouTube? Wenn's nichts zu tun gab, dann spielten die Kinder. Allein oder mit anderen, und eben oft genug auch mit den Eltern und Großeltern.

Dazu brauchte es nicht viel. Ein Blatt Papier, eine Schere und einen Stift, einen Ball, einige Murmeln – und eine Idee, was sich damit machen lässt. Beim Stöbern durch die Seiten wird euch bestimmt vieles bekannt vorkommen. Einige Spiele kennt ihr noch vom Namen her. Doch wie ging das gleich noch mal? Oder umkehrt: Ihr erinnert euch noch an die Aufzählreime, wisst aber nicht mehr, zu welchem Spiel sie gehören. Bei manchem „klingelt“ es vielleicht sofort, bei anderen Spielen müsst ihr dem Gedächtnis erst wieder auf die Sprünge helfen.

Wenn eure Kinder also demnächst mal wieder sagen „Komm, spiel mit mir!“, dann nehmt sie einfach an der Hand und macht mit ihnen eine kleine Reise durch eure eigene Kindheit. Das wird ein großer Spaß – garantiert. Denn warum sollen die Kinder von heute nicht auch Freude an den bewährten Spielen von gestern haben?!

DIE RICHTIGE BALANCE ZWISCHEN NÄHE UND DISTANZ

Es gibt in diesem Buch leichte und schwierigere Spiele, turbulente und ruhige, solche für drinnen und andere für draußen. Auf jeden Fall könnt ihr alle Spiele gemeinsam mit euren Kindern spielen. Lasst euch bei der Auswahl nicht unbedingt von dem leiten, was ihr am besten könnt, sondern davon, was euren Kindern (je nach Alter und Temperament) am meisten Spaß machen könnte. Im Wesentlichen geht es darum, das richtige Gleichgewicht zwischen Mitmachen und „Sich-Zurückhalten“ zu finden.

Denn wo gespielt wird, gibt es Gewinner und Verlierer. Sorgt dafür, dass (unvermeidliche) Niederlagen nicht gleich zu Tränen führen. Zwar können und wissen Erwachsene wirklich vieles besser, sie sollten jedoch auch die Größe haben, sich manchen (ach so offensichtlichen) Siegeszug zu verkneifen. Deshalb ist es auch so wichtig, sich bei der Wahl der Spiele in erster Linie an der Leistungsfähigkeit der mitspielenden Kinder zu orientieren. Und: Immer mit einem Spiel enden, bei dem Kinder die Nase vorn haben!

EINE RUNDE SACHE

SIEBEN SPIELE MIT BÄLLEN UND MURMELN

Das Runde muss ins Eckige ... wer kennt das nicht? Mal abgesehen vom Fußball gibt es aber ganz viele Möglichkeiten, sich mit Bällen die Zeit zu vertreiben. Das Schöne daran ist, dass es gerade in der Gruppe besonders Spaß macht. Dabei geht es um Geschick und Reaktionsvermögen, um Treffsicherheit und tatsächlich auch um Fingerspitzengefühl. Denn je kleiner der Ball, desto schneller gerät er außer Kontrolle.

Besonders klein, aber auch wunderschön sind Murmeln aus Glas. Zum Bespielen fast ein bisschen zu schade, und doch lässt sich damit so viel machen.

VOR ALLEM ABER SIND BÄLLE JEDER GRÖSSE FÜR DRAUSSEN BESONDERS GUT GEEIGNET.

ALTER
ab 5

PERSONEN
3 +

MATERIAL
bunte Murmeln

MURMELSPIELE

DIE RICHTIGE TECHNIK

Früher hatten fast alle Kinder Murmeln aus buntem Glas.
Sie waren ein kleiner Schatz, der sorgsam gehütet und natürlich auch regelmäßig bespielt wurde.
Wer geschickt mit Murmeln spielen (und auch gewinnen) möchte, der sollte folgende Wurf- und Schusstechniken kennen:

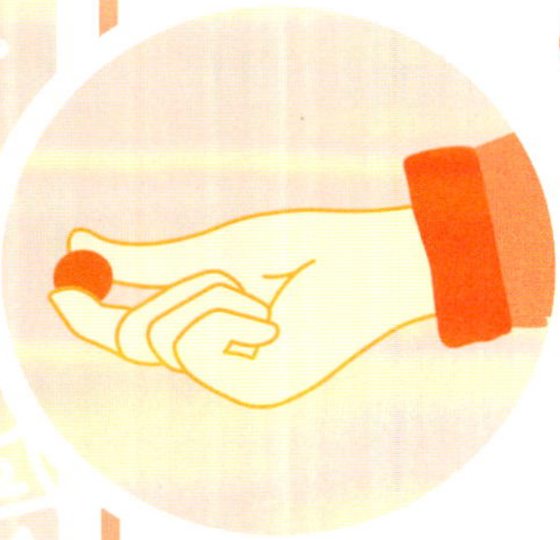

1. **Der Gelenkwurf:** Dabei haltet ihr die Murmel locker zwischen gekrümmtem Daumen und Zeigefinger. Sie wird dann aus dem Handgelenk heraus geworfen.

2. **Der Daumenschuss:** Dabei liegt die Hand ruhig am Boden. Die Murmel wird vom gekrümmten Zeigefinger und dem Daumennagel gehalten. Mit dem Daumen wird die Murmel dann nach vorne katapultiert.

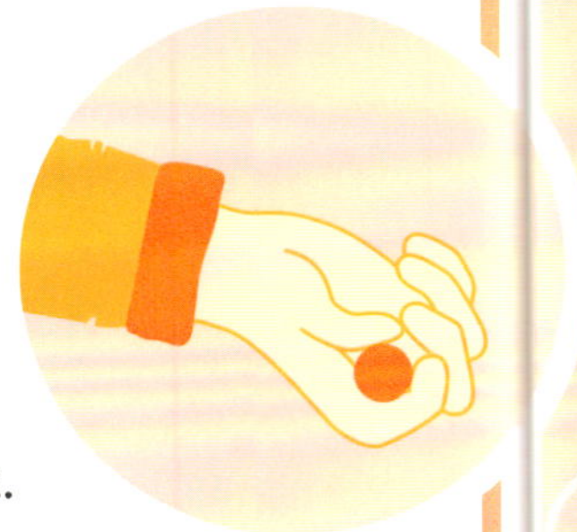

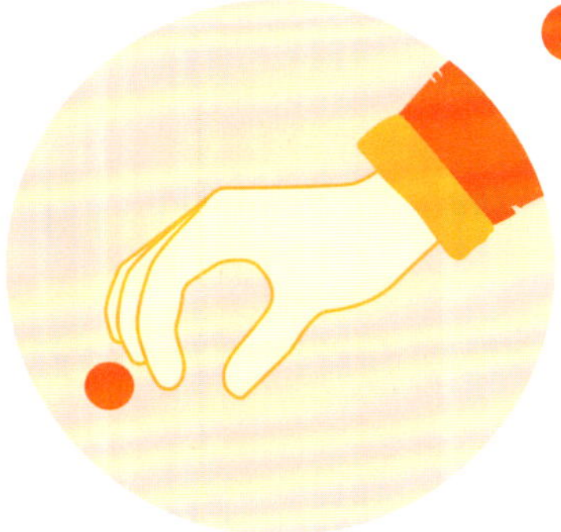

3. **Das Schnippen:** Bei dieser Schusstechnik liegt die Murmel am Boden und wird mit Zeige- oder Mittelfinger weggekickt. Hierzu schnalzt ihr die Finger über den Daumen.

4. **Das Schieben:** Dabei rollt ihr die Murmel mit dem Zeigefinger nach vorn.

01 ALLES ODER NICHTS?

ALTER
ab 5

PERSONEN
3 +

MATERIAL
- Murmeln
- Straßenmalkreide

1. Jeder Spieler geht mit einer Murmel an den Start. Es wird ein „Ziel“ festgelegt, indem ihr mit Straßenmalkreide einen Kreis aufzeichnet. Im Abstand von zwei Metern wird die Wurflinie markiert.
2. Bestimmt, wer das Spiel beginnen und seine Murmel von der Wurflinie aus ins Zielfeld rollen lassen darf.
3. Danach versuchen die anderen Mitspieler, ihre Murmel so ins Spielfeld zu rollen, dass sie die Murmel des ersten Spielers treffen.

Wem das zuerst gelingt, der bekommt die Murmel des ersten Spielers.

Kann kein Mitspieler diese erste Murmel treffen, bekommt derjenige, dem die Zielmurmel gehört, von allen Mitspielern eine Murmel.

Jetzt ist der nächste Spieler dran, die Zielmurmel zu werfen.

Sind alle Murmeln aufgebraucht, wird ermittelt, wer die meisten hat – der hat gewonnen.

02 ZIELSTEIN MURMELN

ALTER
ab 5

PERSONEN
3 +

MATERIAL
- Murmeln
- 1 Seil
- 1 Stein

Das Spiel geht so ähnlich wie Boccia oder Boule.

1. Legt zunächst mit einem Seil einen großen Kreis. In die Mitte platziert ihr einen schönen, größeren Stein.
2. Die Mitspieler sitzen oder hocken rund um diesen Kreis und schnippen nacheinander ihre Murmeln ins Spielfeld. Idealerweise sollte eure Murmel möglichst nah an den Zielstein herankommen – und dort auch liegen bleiben.

Wessen Murmel am nächsten liegt, hat gewonnen.

ALTER
ab 5

PERSONEN
3 +

MATERIAL
Murmeln

03 MURMEL-MINIGOLF

1. Auf weichem Untergrund drückt ihr (beispielsweise mit der Ferse) eine kleine Mulde in den Boden, oder ihr zeichnet mit Straßenmalkreide einen kleinen Kreis auf, der das „Loch“ darstellt.
2. Die Mitspieler bekommen jeweils drei Murmeln und stellen sich fünf bis sieben Schritte vom Loch entfernt auf. Einer nach dem anderen versucht, das Loch zu treffen oder zumindest möglichst nah ranzukommen.
3. Wer mit den meisten Kugeln ins Loch getroffen hat oder dessen Kugeln am dichtesten am Loch liegen, darf die zweite Spielphase eröffnen.
4. Wer jetzt an der Reihe ist, darf näher an seine bereits geworfene Murmel herangehen und muss von dort aus erneut versuchen, sie ins Loch zu bugsieren. Dabei ist die richtige Technik entscheidend (siehe Seite 10).

Trifft der Spieler, darf er mit der nächsten Kugel weitermachen. Schießt er daneben, kommt der nächste Spieler dran.

Gewonnen hat, wer zuerst alle drei Murmeln eingelocht hat.

04 VERLIEBT, VERLOBT, VERHEIRATET

Bloß nicht fallen lassen!
Denn das ist das Ziel dieses Spiels.

ALTER
ab 5

PERSONEN
4 +

MATERIAL
1 Ball

Und so wird gespielt:

1. Die Mitspieler stellen sich im Kreis auf und werfen sich gegenseitig einen Ball zu. Sobald einer den Ball fallen lässt, gilt er als „verliebt".
2. Für jeden Ballverlust gibt es einen anderen Status:
   Zweimal fallen lassen ist „verlobt".
   Dreimal fallen lassen ist „verheiratet".
   Beim vierten Mal hat der Betroffene „ein Kind".
3. Vor dem Spiel wird festgelegt, wie viele „Kinder" es geben soll. Hat ein Spieler die letzte Spielstufe erreicht, muss er ausscheiden.

Gewonnen hat, wer als Letzter übrig geblieben ist.

05 NECKBALL

ALTER
ab 6

PERSONEN
3 +

MATERIAL
1 Ball

Und das sind die Regeln:

1. Zwei Mitspieler stellen sich so weit auseinander, dass sie sich bequem den Ball zuwerfen können. Ein dritter steht in der Mitte und versucht, den Ball abzufangen.
2. Gelingt es dem Spieler in der Mitte, das Spiel der anderen beiden zu stören und im besten Fall den Ball zu schnappen, dann muss der Spieler, der zuletzt geworfen hat, den Platz in der Mitte einnehmen.

Erlaubt ist alles, was dem Mittelspieler das Fangen schwer macht, auch das Antäuschen der Wurfrichtung.

06 WER HAT DEN BALL?

Je mehr Spieler mitmachen, desto größer ist der Spaß.

ALTER
ab 6

PERSONEN
5 +

MATERIAL
1 Ball

1. Die Mitspieler stellen sich in einer Reihe auf. Ein Spieler steht im Abstand von etwa zwei Metern vor der Reihe und wendet ihr den Rücken zu. Er hält einen Ball in beiden Händen.
2. Nun wirft er (ohne sich umzudrehen) den Ball über seinen Kopf hinweg den anderen Mitspielern zu. Wer den Ball fängt, behält ihn oder gibt ihn schnell weiter.
3. Dann nehmen alle ihre Hände auf den Rücken. Einer hält natürlich auch den Ball hinter seinem Rücken versteckt.
4. Die Mitspieler rufen: „Eins, zwei, drei, wer hat den Ball?"
5. Der Spieler, der geworfen hatte, dreht sich um und versucht zu erraten, wer den Ball hat.

Rät er richtig, ist er nochmals an der Reihe.
Rät er falsch, kommt der Spieler, der den Ball hinter seinem Rücken versteckt hat, an die Reihe.

07 TASSENTENNIS

ALTER
ab 6

PERSONEN
2 +

MATERIAL
- 1 Tischtennisball
- 1 Seil oder Netz
- 2 Tassen (aus Kunststoff)

1. Spannt zuerst ein Seil oder ein Netz zwischen zwei Stühle (oder Bäume). Die Höhe sollte der Größe der Mitspieler angepasst werden – lieber etwas niedriger als zu hoch.
2. Jeweils zwei Spieler treten gegeneinander an. Jeder bekommt eine Tasse in die Hand. Gespielt wird mit einem Tischtennisball.
3. Knobelt aus, wer zuerst den Ball in seine Tasse bekommt. Nun holt dieser Spieler aus und katapultiert den Tischtennisball aus seiner Tasse über die Schnur ins Spielfeld des Gegners.
4. Der Gegenspieler muss versuchen, den Tischtennisball mit seiner Tasse zu fangen.

Wenn das Werfen und Fangen funktioniert, geht das so lange hin und her, bis der Ball zu Boden fällt. Wer den Ball verpasst, beschert seinem Gegner einen Punkt. Wer zehn Punkte hat, gewinnt die Runde.

JETZT GEHT DIE PARTY RICHTIG LOS ...

ZWÖLF SPIELE FÜR VIELE (KLEINE) GÄSTE

Bei sehr vielen Kinderspielen aus vergangenen Tagen gilt das Prinzip:

JE MEHR MITMACHEN, DESTO LUSTIGER WIRD ES. Und das gilt nicht nur für Kindergeburtstage und andere Feierlichkeiten.

Natürlich können da auch die Erwachsenen mitmachen – als Spielleiter oder Schiedsrichter oder auch als aktive Mitspieler. Kinder lieben es, wenn sich die Großen mal zur „Blinden Kuh" erklären oder sich beim Flaschendrehen zwischen „Wahrheit oder Pflicht" nicht so recht entscheiden können.

Und bei all diesen Spielen braucht es wirklich nicht viel, um richtig großen Spaß zu haben.

ALTER
ab 6

PERSONEN
5 +

MATERIAL
1 Augenbinde (Schal oder Tuch)

08 BLINDE KUH

Das ist der Klassiker unter den Suchspielen.

1. Knobelt aus, wer zuerst die „Blinde Kuh“ spielt. Diesem Mitspieler werden die Augen verbunden. Dann wird er noch ein- oder zweimal um sich selbst gedreht, damit er als „Blinde Kuh“ die Orientierung verliert.
2. Da die Augen verbunden sind, weiß die „Blinde Kuh“ nicht so recht wohin. Die Mitspieler versuchen durch lautes Rufen oder Anstupsen die „Kuh“ zu ärgern.
3. Natürlich darf das Kind (dem die Augen verbunden wurden) dabei nicht verletzt werden. Im Gegenzug versucht die „Blinde Kuh“ derweil, ein anderes Kind zu schnappen.
4. Gelingt ihr das, wird dieses die „Blinde Kuh“ – und das Suchspiel geht von vorne los.

ALTER
ab 4

PERSONEN
5 +

MATERIAL
1 Augenbinde (Schal oder Tuch)

09 HÄNSCHEN, PIEP EINMAL!

„Blinde Kuh" mal anders! Dabei muss ein Mitspieler die anderen an der Stimme erkennen.

1. Einem Mitspieler werden die Augen verbunden. Erst dann setzen sich alle anderen in einen Stuhlkreis.
2. Der Spieler mit den verbundenen Augen steht in der Mitte. Er weiß nicht, wer wo sitzt. Er setzt sich nun vorsichtig bei einem Mitspieler auf den Schoß. Dabei darf er ihn aber nicht anfassen. Dann sagt er: „Hänschen, piep einmal!"
3. Der Spieler, auf dessen Schoß er sitzt, sagt: „Piep!" Es ist durchaus erlaubt, dabei die Stimme zu verstellen.
4. Der Name des Mitspielers muss jetzt erraten werden.

Rät er richtig, ist er erlöst und tauscht mit dem „Hänschen" den Platz. Rät er falsch, muss er beim nächsten Spieler sein Glück versuchen.

10 VERSTECKEN SPIELEN

ALTER
ab 8

PERSONEN
5 +

MATERIAL
keines

Auch wenn fast jeder weiß, wie es geht, sind hier die wichtigsten Regeln und eine von vielen Varianten aufgeführt. Verstecken könnt ihr drinnen oder draußen spielen. Die Faustregel: Je jünger die Mitspieler, desto kleiner das Areal, in dem sich alle versteckt haben bzw. dann gesucht werden.

1. Üblicherweise wird der Mitspieler, der zuerst suchen soll, durch einen Abzählreim bestimmt. Beispielsweise: „Ene, mene miste, es rappelt in der Kiste, ene, mene muh, und raus bist du!“
2. Angelehnt an einen Baum oder eine Wand, hält sich der Sucher die Augen zu und zählt dabei laut hoch bis zu einer verabredeten Zahl, sodass es jeder hören kann. Die anderen Kinder suchen sich derweil ein geeignetes Versteck und verhalten sich still.
3. Natürlich gibt es für den Suchenden auch einen Aufsage-Reim. Beispielsweise: „Eins, zwei, drei, vier Eckstein, alles muss versteckt sein. Eins – zwei – drei – ... – ich komme!“
   Oder ganz einfach: „Eins, zwei, drei, vier, fünf, sechs, sieben, acht, neun, zehn ... – ich komme!“
4. Der Sucher darf nun die Augen öffnen und beginnt, die anderen aufzuspüren. Je nach Variante muss ein Gefundener entweder berührt oder sein Name laut gerufen werden.

Wer zuerst gefunden wird, soll der nächste Sucher sein.
Das Spiel ist vorbei, wenn alle Mitspieler gefunden wurden.

ALTER
ab 8

PERSONEN
5 +

MATERIAL
2 Seile oder Kreide

SPIELVARIANTE – UMGEKEHRTES VERSTECKEN

Eine Variation von Verstecken ist das „Räuber und Gendarm"-Spiel.

1. Dabei ist ein Mitspieler der Gendarm (oder Polizist) und die anderen Kinder sind die Räuber. Es wird ein Kreis (mit Kreide oder einem Seil) als „Gefängnis" und ein anderer als „Räuberunterschlupf" gekennzeichnet.
2. Während sich der Polizist ein möglichst raffiniertes Versteck sucht, warten die Räuber hinter einem Baum oder hinter einer Hausecke. Fairerweise sollten sie den Polizisten nicht beobachten, sonst macht das ganze Spiel ja keinen Spaß mehr.
3. Ist der Polizist versteckt, schwärmen die Räuber aus und suchen ihn. Sobald der Polizist gefunden ist, versucht er, so viele Räuber wie möglich zu schnappen (durch Abschlagen oder indem er ihre Namen ruft, sobald er sie entdeckt). Die Räuber hingegen versuchen, ihren Unterschlupf zu erreichen, weil sie dort vor der Polizei in Sicherheit sind.

Der Polizist gewinnt eigentlich nur, wenn er alle Räuber dingfest machen kann, bevor sie den Unterschlupf erreichen.

Ansonsten wird unter den glücklichen Räubern ein neuer Polizist gewählt.

11 RINGLEIN, RINGLEIN, DU MUSST WANDERN

Dieses Spiel kann mit einem Ring oder einer Münze gespielt werden. Manche kennen es also auch unter dem Namen „Taler, Taler, du musst wandern". Das Prinzip ist das gleiche, nur der Liedtext verändert sich.

ALTER
ab 5

PERSONEN
5 +

MATERIAL
1 Ring oder eine Münze

So wird gespielt:

1. Alle Mitspieler stehen im Kreis und legen ihre Hände auf Brusthöhe locker zusammen.
2. Ein Spieler bekommt den Ring, den er in seinen verschlossenen Händen hält. Keiner darf ihn sehen.
3. Jetzt geht er von einem zum anderen und legt jedem kurz seine geschlossenen Hände zwischen die leicht geöffneten Handflächen. Währenddessen singen alle gemeinsam:

„Ringlein, Ringlein, du musst wandern
von der einen Hand zur andern.
Oh, wie schön, oh, wie schön,
lasst das Ringlein nur nicht seh'n."

4. Er wählt einen Mitspieler aus und lässt heimlich den Ring in dessen Hände gleiten.
5. Am Ende des Lieds muss der Ring seinen Besitzer gewechselt haben. Der, der den Ring zuerst hatte, bestimmt nun einen Mitspieler, der raten muss, wer den Ring gerade in den Händen hat.

Rät er richtig, darf er als Nächster den Ring wandern lassen. Rät er falsch, ist der an der Reihe, der den Ring in der Hand hat.

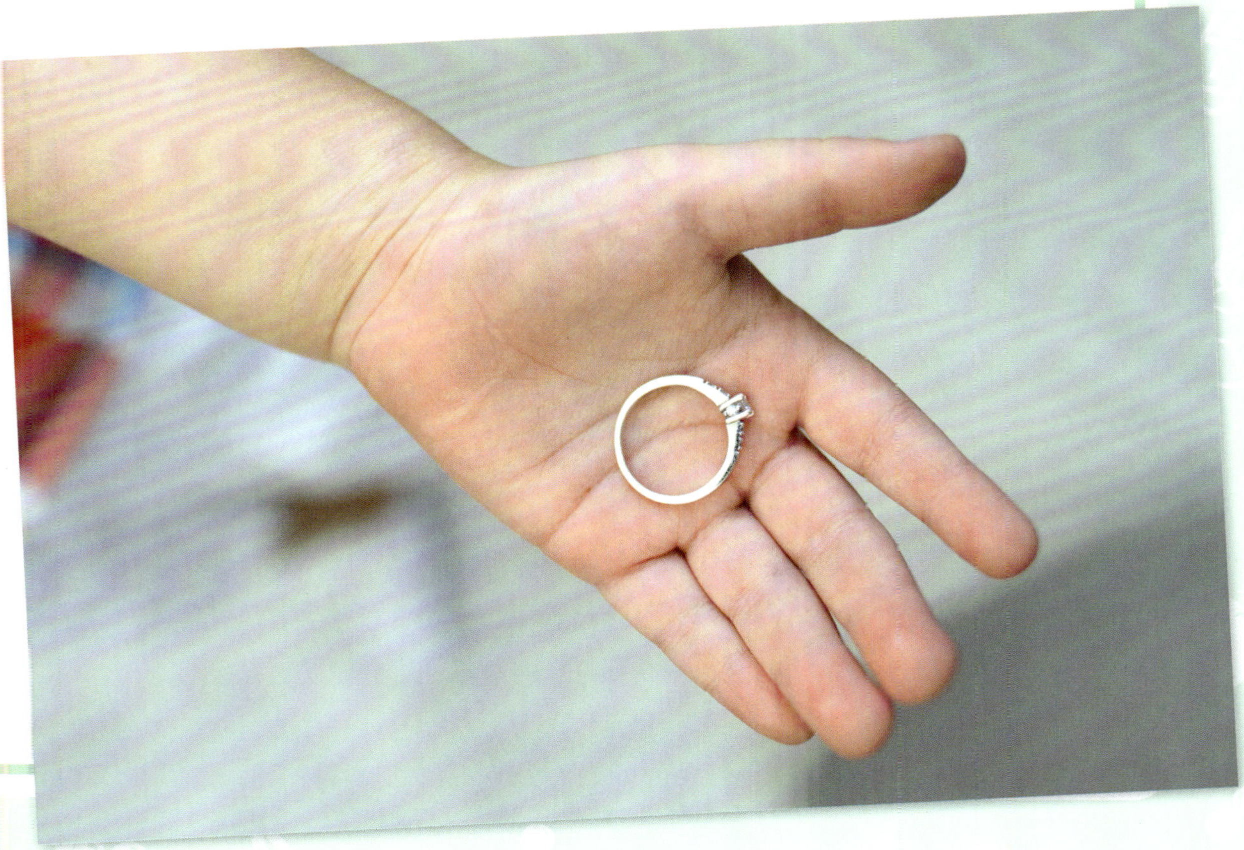

12 FLASCHENDREHEN

ALTER
ab 8

PERSONEN
5 +

MATERIAL
1 leere Flasche

Der Klassiker unter den (Kinder-)Partyspielen

Dazu braucht ihr jede Menge Ideen, was die Mitspieler machen sollen, wenn die leere Flasche auf sie zeigt.

1. Alle setzen sich in einem Kreis auf den Fußboden. Die leere Flasche liegt in der Mitte.
2. Vor jeder Runde überlegen die Mitspieler, welche Aufgabe derjenige lösen muss, den die „Flasche“ auswählt.
3. Jetzt bekommt die Flasche einen Schubs, und sie dreht sich im Kreis. Derjenige, auf den der Flaschenhals zeigt, muss die zuvor bestimmte Aufgabe lösen.

Beispiele für mögliche Aufgaben:

- 10 × auf einem Bein hüpfen
- von 20 rückwärts zählen
- 10 Tiere nennen
- 5 Kniebeugen machen
- das Abc aufsagen
- 5 Städte aufzählen
- 5 Liegestütz machen
- etwas vorsingen

FLASCHENDREHEN MIT „WAHRHEIT ODER PFLICHT?“

Bei dieser Spielvariante hat derjenige, auf den die Flasche zeigt, die Möglichkeit, zwischen „Wahrheit oder Pflicht“ zu wählen. Entweder beantwortet er eine Frage, die ihm gestellt wird, wahrheitsgemäß, oder er muss eine Pflichtübung absolvieren.

13 EBBE ODER FLUT

Stellt euch vor, ihr seid am Strand ...

ALTER
ab 6

PERSONEN
5 +

MATERIAL
evtl. 1 Decke

„Für dieses Spiel braucht ihr einen Spielleiter. Er übernimmt die Regie, und alle anderen müssen nach seiner Pfeife tanzen.

Eigentlich braucht ihr eine kleine Anhöhe oder etwas, auf das alle Mitspieler hochsteigen können. Ihr könnt aber auch einfach eine Decke auf den Boden legen. Dort seid ihr bei Flut sicher.

1. Der Spielleiter erzählt von einem schönen Tag am Strand. Alles, was er erzählt, wird von den Mitspielern nachgestellt. Also beispielsweise, wie er seine Hosen hochkrempelt, wenn er durchs Wasser watet. (Alle krempeln sich die Hosenbeine hoch oder tun zumindest so, als ob).
   Wie schön es ist, zu schwimmen. (Alle machen Schwimmbewegungen mit den Armen.)
   Wie ihr eine Sandburg baut ...
   Wie ihr den Möwen nachschaut ...

2 In die Erzählung baut der Spielleiter die Worte „Ebbe“ und „Flut“ ein. Bei „Ebbe“ müssen sich alle Mitspieler auf den Boden legen. Bei „Flut“ müssen sich alle Mitspieler schnell (auf der Anhöhe oder der Decke) in Sicherheit bringen.

Wer das überhört oder verkehrt herum macht, muss leider ausscheiden.

14 FANG DEN FROSCH!

ALTER
ab 6

PERSONEN
5 +

MATERIAL
Straßenmalkreide

In diesem Spiel geht es um Störche und Frösche.

Mit Kreide werden zwei Kreise auf den Boden gemalt, zuerst ein großer Kreis und dann in dessen Mitte ein kleinerer Kreis. Der kleine Kreis stellt den Froschteich dar. Der Raum zwischen dem großen Kreis und dem Froschteich ist die Wiese – und außerhalb des großen Kreises fließt ein Bach ringsherum.

Je mehr Kinder mitspielen, desto lustiger wird es.

1. Zuerst wird ausgeknobelt, wer den Storch spielt. Alle anderen Mitspieler sind Frösche. Für jeweils drei Frösche braucht ihr einen Storch. Wenn viele mitspielen, müsst ihr mehrere Störche auswählen.
2. Die Störche stehen auf einem Bein auf der Wiese. Die Frösche hocken im Froschteich."
3. Wenn das Spiel losgeht, müssen die Frösche versuchen, aus dem Teich in den Bach zu hüpfen. Die Störche wiederum versuchen, sie zu schnappen.
4. Ein Frosch ist geschnappt, wenn er abgeschlagen wird. Dann tauschen Frosch und Storch die Rollen.

ALTER
ab 6

PERSONEN
5+

MATERIAL
- **Stühle**
- **Musik**

15 REISE NACH JERUSALEM

Ohne Musik keine „Reise nach Jerusalem“!

Ihr braucht dafür immer einen Stuhl weniger, als ihr Spieler seid – und natürlich Musik. Wer nicht mitspielen mag, der agiert als Spielleiter an der Musikanlage. Bevor es losgeht, werden die Stühle aufgestellt: Die eine Hälfte wird in einer Reihe nebeneinandergestellt. Die andere Hälfte stellt ihr Stuhlrücken an Stuhlrücken dagegen.

Und so wird gespielt:

1. Die Musik geht los, und alle Mitspieler gehen (oder tanzen) im Kreis um die Stühle herum.
2. Wird die Musik ausgeschaltet, muss sich jeder blitzschnell einen Stuhl suchen und draufsetzen.
3. Wer stehen bleibt, ist raus. Und auch ein Stuhl wird weggenommen.
4. Das geht so lange, bis zum Schluss nur noch ein Mitspieler übrig bleibt. Das ist der Sieger!

Spielvariante für kleine Wohnungen:

Solltet ihr nicht so viel Platz für das Aufstellen der Stühle haben, könnt ihr auch Esslöffel oder Kochlöffel in zwei Reihen auf den Boden legen. Stoppt die Musik, muss sich jeder einen Löffel schnappen. Wer keinen erwischt, scheidet aus.

ALTER
ab 4

PERSONEN
5 +

MATERIAL
- 1 Kochtopf
- 1 Kochlöffel (aus Holz)
- 1 Augenbinde oder ein Tuch
- etwas Süßes zum Verstecken

16 TOPFSCHLAGEN

Kein Kindergeburtstag kommt ohne diesen Spiele-Klassiker aus.

Und so wird gespielt:

1. Dem ersten Spieler werden die Augen verbunden, und er bekommt einen Kochlöffel in die Hand. Er wird ein paarmal um die eigene Achse gedreht, sodass er die Orientierung im Raum verliert.
2. Ein anderer Mitspieler versteckt die Süßigkeit unter einem umgedrehten Kochtopf, der irgendwo im Raum auf dem Boden steht.
3. Nun geht der Spieler, dem die Augen verbunden wurden, auf alle viere. Mit dem Kochlöffel in der Hand tastet er sich durch den Raum – auf der Suche nach dem Kochtopf.
4. Er wird von den anderen Mitspielern angefeuert und bekommt Hinweise, wie weit er noch vom Topf entfernt ist. Dabei steht „kalt" für „weit weg", „noch kälter" für „Du bist in der falschen Richtung unterwegs" und „ganz kalt" für „Dein Ziel ist ganz weit weg".
5. Natürlich gibt es auch ermunternde Zurufe: „warm" bedeutet „nah dran", „noch wärmer" heißt „Du bist auf der richtigen Spur" und „heiß", dass der Suchende sein Ziel (fast) erreicht hat.

Der Spieler muss also eigentlich nur den Anweisungen der anderen folgen. Hat er den Topf gefunden, klopft er mit dem Kochlöffel darauf, darf die Augenbinde abnehmen, den Topf umdrehen und den Preis aufheben.

ALTER
ab 4

PERSONEN
5 +

MATERIAL
keines

17 ALLE VÖGEL FLIEGEN HOCH!

Bei diesem Spiel geht es um genaues Zuhören und blitzschnelles Reagieren.

Ihr braucht einen Spielleiter, der die Kommandos gibt.

1. Die Mitspieler sitzen am Tisch und trommeln (nicht zu laut) mit den Handinnenflächen auf die Tischplatte. Zur Übung ruft der Spielleiter: „Alle Vögel fliegen hoch!“
2. Bei „fliegen hoch“ heben alle Mitspieler ihre Hände in die Luft.
3. Der Spielleiter ruft diesen Satz nun immer wieder, nur mit dem Unterschied, dass nicht alles, was er verkündet, richtig ist. Er sagt beispielsweise: „Alle Pferde fliegen hoch!“ Das stimmt nicht – und deshalb müssen die Hände unten bleiben.
4. Die Mitspieler müssen also blitzschnell überlegen, ob das Tier (oder der Gegenstand) fliegen kann oder eben nicht.

Reagiert ein Mitspieler falsch, muss er ein Pfand abgeben oder bekommt einen Minuspunkt. Gewonnen hat, wer zumeist (oder immer) richtig agiert hat.

Mögliche Flugobjekte (von den meisten Vogelarten einmal abgesehen):

BIENE DRACHE FLIEGE
LUFTBALLON FLUGZEUG
HUBSCHRAUBER LIBELLE
SEIFENBLASE

18 DER PLUMPSACK GEHT UM

ALTER
ab 5

PERSONEN
5 +

MATERIAL
1 Tuch, Säckchen oder Ähnliches

Ihr stellt euch für dieses Spiel im Kreis auf.
Einer von euch wird als erster „Plumpsack" ausgewählt und bekommt ein Taschentuch (oder eine andere Kleinigkeit).

Und so wird gespielt:

1. Während ihr den Plumpsack-Reim aufsagt (oder singt), geht der Plumpsack außen um den Kreis herum.
„Dreh dich nicht um, denn der Plumpsack geht um!
Wer sich umdreht oder lacht, kriegt den Buckel schwarz gemacht."

2. Der Plumpsack entscheidet, wo und wann er das Taschentuch fallen lässt. Sobald das geschehen ist, läuft er los, um den Kreis der Kinder herum, und versucht, möglichst schnell wieder an die Stelle zu gelangen, an der er das Taschentuch fallen gelassen hat.

Es gibt nun unterschiedliche Szenarien, was passieren kann:

3. Bemerkt ein Mitspieler aus dem Kreis, dass hinter ihm das Taschentuch auf dem Boden liegt, hebt er es auf und rennt dem Plumpsack hinterher.
Möglicherweise erwischt er ihn nicht mehr. Dann stellt sich der ehemalige Plumpsack an die freie Stelle im Kreis. Nun muss der Verlierer den Plumpsack geben.

4 Wird der Plumpsack aber eingeholt, muss er sich in die Mitte des Kreises stellen und dort stehen bleiben, bis er abgelöst wird. Der nächste Plumpsack ist dann der, der den alten eingeholt hat.

5 Bemerkt ein Mitspieler nicht, dass das Taschentuch hinter ihm liegt, und der Plumpsack läuft eine ganze Runde, so klopft der Plumpsack dem Mitspieler dreimal auf den Rücken und ruft: „Eins, zwei, drei, ins faule Ei!“ Jetzt muss sich dieses Kind in die Mitte setzen und darauf warten, dass ein anderes Kind in die Mitte muss.

Ach ja, und „umdrehen oder lachen“ ist streng verboten!

19 ARMER SCHWARZER KATER

ALTER
ab 4
PERSONEN
5 +
MATERIAL
keines

Für dieses Spiel setzt ihr euch auf den Boden oder stellt die Stühle zu einem Kreis.

Und das geht so:

1. Einer von euch darf den „schwarzen Kater" spielen. Dazu muss er natürlich auf alle viere gehen und im Kreis herumkrabbeln. Er sucht sich ein „Opfer" aus.
2. Der Auserwählte muss den „Kater" streicheln und sagt dabei immer wieder: „Armer schwarzer Kater!"
3. Die Aufgabe des Katers ist es, durch lautes Miauen und das Schneiden von Grimassen den auserwählten Mitspieler zum Lachen zu bringen.

Schafft der „Kater" das, so darf er sich auf den Stuhl (oder an den Platz) setzen, und der andere, der lachen musste, spielt den „schwarzen Kater".

AUF DIE PLÄTZE, FERTIG, LOS ...

NEUN SPIELE RUND UMS LAUFEN, HÜPFEN UND SPRINGEN

Jedes Kind will „Erster“ sein! So haben Spiele rund ums Laufen, Hüpfen und Springen immer auch ein klein bisschen Wettbewerbscharakter.

BEWEGUNGSSPIELE FÖRDERN DIE KOORDINATION UND STÄRKEN DAS KÖRPERGEFÜHL – der Spaß kommt ganz automatisch dazu. Natürlich haben dabei die Kleinen die Nase vorn! Sie sind in der Regel viel flinker als die Erwachsenen.

Ihr braucht nicht viel, um ein Spielfeld zu entwerfen oder die nötigen Materialien zu organisieren. Meist reicht ein bisschen Straßenmalkreide, und schon kann's losgehen.

Fast alle diese Spiele können mit beliebig vielen Kindern gespielt werden. Zur Not kann man einige sogar alleine spielen.

20 WETTLAUF MIT TABLETT

Ein großer Spaß für kleine und große Servierkünstler.

ALTER
ab 6

PERSONEN
3 +

MATERIAL
- 1 Tablett
- 1 Pappbecher mit Wasser
- einige Holzklötzchen

1. Ihr legt einen Parcours fest, auf dem es durchaus auch kleinere Hindernisse geben darf, beispielsweise einen Stuhl zum drum herumlaufen oder ein Kissen zum Drübersteigen.

2. Jeder Mitspieler geht mit einem Tablett an den Start. Darauf stehen ein Pappbecher mit Wasser und zwei übereinandergestapelte Holzklötzchen.

Wer den Parcours am schnellsten absolviert, ohne dass etwas vom Tablett fällt, hat gewonnen.

21 DOSENLAUFEN

Früher waren Wettrennen auf Stelzen ein toller Spaß.

ALTER
ab 6

PERSONEN
2 +

MATERIAL
- stabile Konservendosen, Wäscheleine und 1 Korkenzieher
- oder Holzstelzen

1. Die Stelzen aus Holz könnt ihr auch prima durch Dosen an Schnüren ersetzen. Zuerst solltet ihr zwei Dosen finden, die das Gewicht des Kindes gut tragen können. Das können Suppendosen sein oder auch solche, in denen ehemals Farben abgefüllt waren.
2. Die Deckel müssen sauber entfernt werden, sodass keine scharfen Kanten überstehen. Natürlich sollten die Dosen gereinigt werden.
3. Mit einem Korkenzieher bohrt ihr in jede Dose zwei Löcher, die sich direkt gegenüberliegen. Die Löcher sollten möglich weit unten über dem Boden sein.
4. Schneidet als Nächstes eine Wäscheleine zurecht. Dazu müsst ihr bei eurem Kind Maß nehmen: die Länge vom Boden bis zur Handfläche des herabhängenden Arms eures Kindes mal zwei.
5. Ihr braucht für die Dosen-Stelzen zwei solcher gleich langen Wäscheleinenstücke.
6. Schiebt jetzt ein Ende der Wäscheleine von außen durch ein Dosenloch und verknotet es innen fest. Genauso macht ihr es mit dem anderen Ende. Zieht die Knoten von außen richtig fest an. Das Gleiche wird mit der zweiten Dose gemacht.

Im Prinzip sind die Dosen-Stelzen jetzt fertig, und die Läufer können an den Start gehen.
Für einen Wettlauf markiert ihr Start und Ziel.

ALTER
ab 5

PERSONEN
2 +

MATERIAL
- 5 bis 10 Bierdeckel oder Kreise aus buntem Tonpapier
- 4 Stühle

22 BIERDECKELLAUF

Laufen, ohne den Boden zu berühren? Geht nicht? Geht doch! Nämlich beim Bierdeckellauf.

Das Spiel geht so:

1. Mit jeweils zwei Stühlen werden Start und Ziel markiert. Dazwischen kommt ein Parcours aus Bierdeckeln oder bunten Pappkreisen, die in unterschiedlichen Abständen auf den Boden gelegt werden.
2. Jeder Mitspieler geht alleine ins Rennen und absolviert im Idealfall den Parcours, ohne dabei den Boden zu berühren.

Wer es am schnellsten schafft, hat gewonnen.

Variation zum Bierdeckellauf

Start und Ziel werden wie zuvor mit jeweils zwei Stühlen markiert. Nur bekommt diesmal jeder Mitspieler die gleiche Anzahl Bierdeckel (oder Pappkreise) in die Hand.

Jetzt geht das Spiel so:

1. Jeder Mitspieler geht einzeln an den Start. Diesmal wirft er Bierdeckel für Bierdeckel so vor sich, dass er bequem den Parcours durchqueren kann.
2. Wem das am schnellsten gelingt, der gewinnt.

Übrigens sind dabei lange Beine nicht unbedingt von Vorteil, denn es geht auch um Geschicklichkeit und die richtige Balance. Wer danebentritt, muss gleich noch mal an den Start.

23 SACKHÜPFEN

ALTER
ab 6

PERSONEN
2 +

MATERIAL
- mindestens 2 Jutesäcke
- Seil oder Fähnchen

Das ist lustig für Spieler und Zuschauer
und auch noch ganz einfach.

Die Jutesäcke sollten so groß sein, dass sie den Mitspielern bis zur Hüfte reichen. Wenn also Erwachsene mit dabei sind, braucht ihr unterschiedliche Größen.
Als Erstes muss die Hüpfstrecke abgesteckt werden. Wichtig ist, dass jeder Hüpfer seine eigene Bahn hat – und die auch gut erkennen kann. 10 bis 20 Meter zwischen Start und Ziel müssten genügen.

Und so wird's gemacht:

1. Steigt zunächst mit beiden Beinen in den Jutesack und zieht ihn mit den Händen bis zur Hüfte hoch. Gut festhalten, denn wenn er beim Hüpfen runterrutscht, fallt ihr hin.
2. Pro Runde treten zwei (oder auch mehrere) Hüpfer gegeneinander an. Im Sinne der Fairness sollten Erwachsene nicht gegen Kinder antreten.

Auf die Plätze – fertig – los!
Wer zuerst den Weg vom Start zum Ziel schafft,
hat gewonnen.

24 HIMMEL UND HÖLLE

Dieses Hüpfspiel wird oft auch „Hinkelkästchen“ genannt. Es geht dabei um Geschicklichkeit und die richtige Balance.

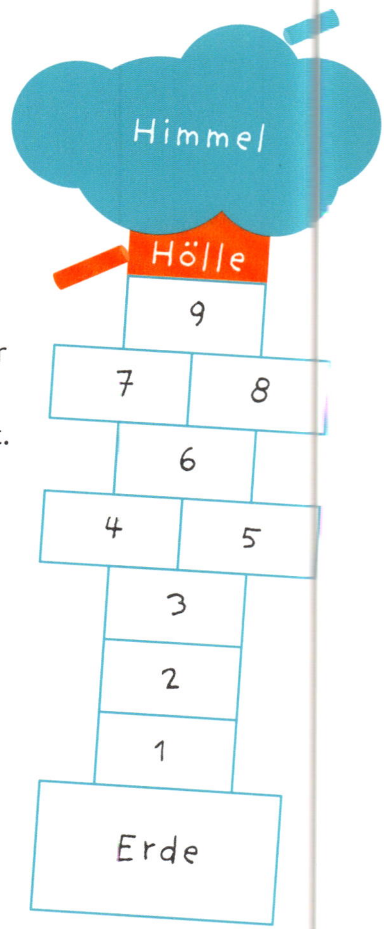

Zeichnet zuerst das Himmel-und-Hölle-Feld, so wie die Vorlage es zeigt, auf den Boden. Ideal sind verkehrsberuhigte Spielstraßen oder ein geteerter oder gepflasterter Hof. Die jeweiligen Felder sollten so groß sein, dass ihr mit beiden Füßen gut darauf stehen könnt.

Und so wird gespielt:

1. Der erste Spieler geht an den Start und stellt sich auf das Feld ERDE. Aus dieser Position heraus wirft er sein Steinchen in das Feld, das mit 1 gekennzeichnet ist.
2. Trifft er es, darf er loshüpfen, und zwar aus dem Stand mit beiden Beinen zugleich. Verfehlt er seinen Kasten, muss er zur Seite gehen und sich neben das Spielfeld stellen. Jetzt ist der nächste Spieler an der Reihe.
3. Gelingt ihm aber der erste Sprung, hüpft er Kästchen für Kästchen von der ERDE aus zum HIMMEL – und wieder zurück.

ALTER
ab 5
PERSONEN
2 +
MATERIAL
• Straßenmalkreide
• (flache) Steinchen

4 Wichtig ist die Reihenfolge der Sprünge.
1, 2 und 3 wird mit beiden Beinen gesprungen.
Bei 4 und 5 werden die Beine gegrätscht.
Im 6. Feld sind sie wieder zusammen.
Bei 7 und 8 wieder gegrätscht.
Das 9. Feld wird wieder mit beiden Beinen zugleich gesprungen.
Das Spielfeld mit der Bezeichnung HÖLLE muss übersprungen werden, und so landet der Spieler direkt im HIMMEL.

5 Jetzt dreht sich der Spieler um und hüpft auf die gleiche Weise zurück. Aber Achtung, das Feld, in dem der Stein liegt (also beim ersten Durchlauf die 1), muss übersprungen werden. Deshalb stoppt der Spieler auf dem Rückweg im Feld 2, hebt seinen Stein auf und springt erst dann zur ERDE zurück.

6 Eine kurze Pause ist ihm nun vergönnt, aber hat er bis dahin alles richtig gemacht, darf er wieder loshüpfen. Diesmal muss sein Steinchen im Feld mit der 2 landen, das dann beim Hüpfen übersprungen werden muss.

Macht ein Spieler einen Fehler, springt etwa über den Rand oder wirft den Stein ins falsche Kästchen, muss er zur Seite treten und dem Nächsten den Vortritt lassen. Der beginnt wieder bei 1.

Ziel des Hüpfspiels ist es, das Spielfeld so oft durchzuspringen, bis schließlich das Steinchen im Himmel landet. Wer das zuerst schafft, hat gewonnen.

25 BRIEFKASTEN HÜPFEN

Zeichnet den Spielplan mit den entsprechenden Zahlen auf eine freie Teerfläche, das Hofpflaster oder Ähnliches. Er sieht ein bisschen wie ein Briefkasten aus.

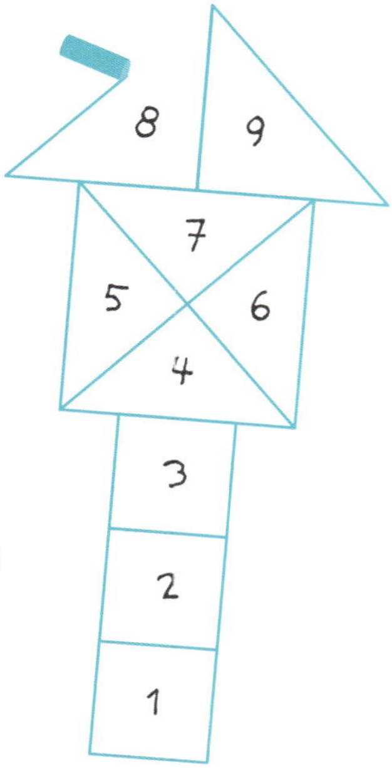

Das Hüpfspiel dazu geht so:

1. Zuerst hüpft ihr nacheinander mit beiden Beinen vom Kasten 1 über die fortlaufenden Zahlen bis zu Nummer 9 und zurück.
2. In der nächsten Runde wird es ein bisschen komplizierter: Die Kästen mit den Zahlen 1 bis 4 werden auf einem Bein gehüpft – und zwar auf dem rechten.
   Für die Kästen 5 und 6 müsst ihr die Beine grätschten.
   Bei Kasten 7 steht ihr wieder auf einem Bein.
   Mit gegrätschten Beinen hüpft ihr auf 8 und 9.
   Hier mit einem Dreh wenden – und auf die gleiche Weise zurück.
   Jetzt wird auf dem linken Bein gehüpft, nur bei Kasten 5 und 6 gehen beide Beine auseinander.

ALTER
ab 5

PERSONEN
2 +

MATERIAL
Straßenmalkreide

Habt ihr noch Puste für die dritte Runde?

3 Aber ihr müsst richtig gut aufpassen, um nicht durcheinanderzukommen, denn diesmal wird von 1 bis 4 mit überkreuzten Beinen gehüpft.
5 und 6 springt ihr mit gegrätschten Beinen.
Auf die 7 mit gekreuzten Beinen.
Und auf 8 und 9 wird wieder gegrätscht gehüpft.
Zum Schluss nochmals wenden und auf die gleiche Weise zurück.

Die Bewertung: Jedes Mal, wenn der Spieler über den Rand kommt oder den Schritt verwechselt, gibt es einen Strafpunkt. Gewonnen hat, wer die wenigsten Fehler macht.

26 HINKEPOTT

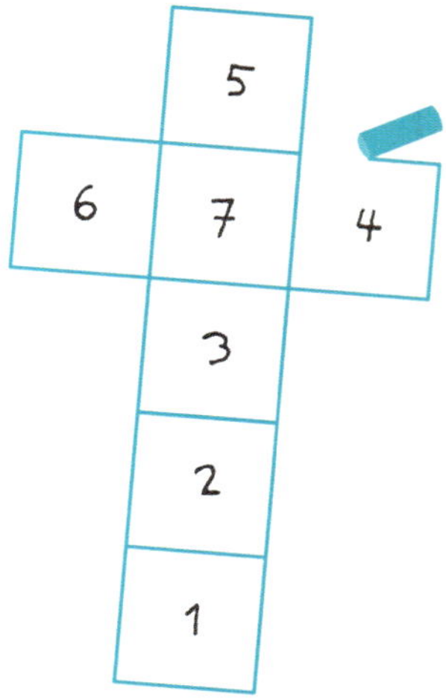

Malt den Spielplan auf und markiert die Kästen mit den Zahlen 1 bis 7.

Und so wird Hinkepott gespielt:

1. Der erste Spieler wirft seinen Stein in das Feld mit der 1 und überspringt diesen Kasten auf nur einem Bein. In gleicher Weise hüpft er nacheinander auf die Felder 2 bis 7. Auf der Nummer 7 darf er sich kurz ausruhen und das zweite Bein abstellen. Jetzt wieder zurückhüpfen bis zur 2. Dort das Steinchen aufheben und über die 1 aus dem Feld springen.

Habt ihr das ohne Fehler geschafft, dürft ihr gleich noch eine Runde hüpfen.

2. In der zweiten Runde müsst ihr das Steinchen ins zweite Feld werfen und diesen Kasten beim Hüpfen auslassen. Ansonsten ist der Ablauf bei dieser (und den kommenden Runden) gleich.

ALTER
ab 5

PERSONEN
2+

MATERIAL
- Straßenmalkreide
- (flache) Steinchen

Bitte warten!

Ihr müsst bei diesem Hüpfspiel aussetzen, wenn ihr …
… mit dem Stein nicht das passende Feld trefft.
… auf die Feldumrandungen tretet.
… ins Stolpern kommt oder mit beiden Beinen springt.

Dann kommt der nächste Mitspieler dran, bis auch er pausieren muss.

Wer als Erster einen kompletten Hüpfdurchgang schafft, hat gewonnen.

ALTER
ab 8

PERSONEN
3 +

MATERIAL
1 mindestens 4 m langes Seil (Durchmesser 8 mm)

27 SCHWUNGSEIL SPRINGEN

Die meisten Kinder kennen es nur noch aus dem Turnunterricht, dabei ist das Schwungseil gerade für ältere Kinder eine echte Herausforderung.

Seilspringen kann fast jedes Kind, aber mit dem Schwungseil springen ist schon ein bisschen anders. Zuerst macht ihr an beiden Enden des Seils feste Knoten. Diese Knoten sollen den Seilschwingern (also denen, die das Seil bewegen) einen besseren Halt geben. Die Aufgabe der Seilschwinger ist es, das lange Tau so rund zu schwingen, dass ein Kreis entsteht. Ist das Seil unten, dann berührt es leicht den Boden. Das ist ziemlich anstrengend und der Kraftaufwand nicht zu unterschätzen.

1. Bevor ihr mit dem Schwingen beginnt, stellt ihr euch so auf, dass das Seil zwischen euch durchhängt und seine Mitte den Boden berührt.
2. Schwingt es zunächst ein paarmal hin und her. So holt ihr Schwung für das Rundherum-Schwingen.
3. Wichtig ist, dass die Seilschwinger sich synchron bewegen, also das Seil immer mit dem gleichen Tempo in die gleiche Richtung schwingen.

Wer im Schwungseil springen will, der muss genau beobachten, wann das Seil den Boden berührt und wann es hoch in der Luft „steht“. Nur so findet ihr nämlich den idealen Moment, in dem ihr ins Seil hineinlaufen könnt.

1. Zieht Schuhe an, in denen ihr einen guten Halt habt, zum Beispiel Sportschuhe. Vor dem Springen im Schwungseil sollte ihr ein bisschen auf der Stelle hüpfen, um euch locker zu machen.
2. Beobachtet das Schwungseil und findet den richtigen Moment, um erst einmal nur hindurchzulaufen, ohne das Seil zu berühren. Der „richtige“ Moment ist übrigens genau dann, wenn das Seil den Boden berührt hat und gerade wieder im Aufschwung ist.
3. Habt ihr das ein paarmal gemacht, dann könnt ihr zwei, drei Hüpfer im Seil machen, bevor ihr wieder herausgeht.

Zum Springen im Schwungseil gehören Reime, die aufgesagt werden und zugleich oft auch vorgeben, welche Figuren der Springer machen soll.

Die häufigsten Sprungfiguren sind:

- Eine Drehung
- Sich klein machen
- Die Füße ausstrecken, so als wolltet ihr eure Schuhe zeigen
- Die Hände über dem Kopf zum Hausdach falten

TEDDYBÄR

Ein Kind springt im Seil, die anderen rufen ihm zu:

„Teddybär, Teddybär, dreh dich um,
Teddybär, Teddybär, mach dich krumm,
Teddybär, Teddybär, zeig deinen Schuh,
Teddybär, Teddybär, wie alt bist du?"

Während alle Mitspieler den Reim laut aufsagen, macht der Springer die genannten Bewegungen. Zum Abschluss wird gezählt, wie viele Hüpfer zusätzlich fehlerfrei absolviert werden. Bei den Extrasprüngen geht es darum, die Frage zu beantworten, wie alt der Teddybär ist. Es hat also nichts mit dem Alter des Springers zu tun. Wer die meisten Sprünge schafft, hat gewonnen.

28 GUMMITWIST

ALTER
ab 5
PERSONEN
3
MATERIAL
3 bis 4 m Gummiband

Mit diesem Hüpfspiel könnt ihr euch stundenlang beschäftigen.

Zwei Mitspieler spannen das Gummiband, das mit einem festen Knoten zu einem Rund zusammengeknüpft wird, zwischen ihren Beinen. Sie bestimmen, wie hoch der dritte Mitspieler springen muss und wie viel Spielraum der Hüpfer bekommt.
Die Schwierigkeitsstufen werden durch die Höhe des Gummibandes bestimmt.

Folgende Stufen gibt es:

1. in Höhe der Fußknöchel
2. in Höhe der Wade
3. in Höhe der Kniekehle
4. in Höhe der Oberschenkel
5. in Hüfthöhe

Die Schwierigkeitsstufen sind auch von der Breite abhängig:

1. Die Füße sind ca. 60–70 cm auseinander.
2. Die Füße stehen etwa 30 cm auseinander.
3. Die Füße stehen eng beieinander.
4. Die beiden Spieler spannen das Gummiband um nur jeweils einen Fuß.

Zudem gibt es diese Sprungvarianten:

1. **Mitte:** Dabei springt ihr mit beiden Beinen in die Mitte des Gummibandes.
2. **Auf:** Aus der Mitte heraus springt ihr mit beiden Beinen zugleich auf das Gummiband. Das bedeutet, dass der rechte Fuß auf dem rechten Gummiband zu stehen kommt und der linke Fuß auf dem linken Gummiband.
3. **Grätsche:** Das bedeutet, dass beide Beine im Sprung auseinandergegrätscht werden und ihr außerhalb des Gummibandes landet. Nach dem gelungenen Grätschsprung steht der rechte Fuß rechts vom Gummiband und der linke links davon.
4. **Raus:** Ihr springt mit beiden Füßen auf die linke oder rechte Seite neben das Gummiband, sodass ihr außerhalb des Gummibandes landet.

Und so wird gespielt:

1. Alle Mitspieler einigen sich, wer (zwei Mitspieler) das Gummiband spannt und wer zuerst springt.
2. Auch die Reihenfolge der Sprünge wird zuvor festgelegt. Dazu wählen alle gemeinsam Sprünge aus den Grundvarianten oder denken sich neue Sprünge (beispielsweise Drehungen) aus.
3. Wer zuerst springen darf, bleibt so lange im Spiel, bis er einen Fehler macht. Ihr beginnt bei niedriger Höhe und steigert die Schwierigkeit bei jeder Runde.
4. Ein Fehler ist, die Reihenfolge der Sprünge durcheinanderzubringen, auf der falschen Seite rauszuspringen oder das Gummi zu berühren, ohne dass es zuvor erlaubt wurde.

Tipp: Zum Üben könnt ihr Gummitwist auch alleine spielen. Dazu spannt ihr das Gummi einfach zwischen zwei (stabile) Stühle.

Reim zum Aufsagen:

„Beim Bäcker hat's gebrannt, brannt, brannt,
da bin ich schnell gerannt, rannt, rannt.
Da kam ein Polizist, zist, zist,
der schrieb mich auf die List, List, List."

FÜR BESSERWISSER UND STRATEGEN

ZEHN SPIELE ZUM KNOBELN UND RÄTSELN

RÄTSELN IST EINES DER BESTEN MITTEL GEGEN LANGEWEILE, und es tut zwischendurch sogar richtig gut, auch das Oberstübchen mal etwas zu fordern. Gemeinsam oder allein, gegeneinander oder miteinander – unter den zehn Spiele-Klassikern „Für Besserwisser und Strategen“ ist für jeden etwas dabei!

Schließlich geht nichts über das herrliche Gefühl, wenn ihr wieder ein Rätsel gelöst habt oder zumindest der Lösung einen Schritt nähergekommen seid. Diese Spiele lassen sich wirklich überall spielen, und ihr braucht nichts weiter als vielleicht etwas Papier, einen Stift und ganz viel Fantasie.

29 STADT – LAND – FLUSS

Die Mitspieler sollten für dieses Rätselspiel schon schreiben können – und ein bisschen Grundwissen haben.

Zuerst bereitet jeder Mitspieler eine Tabelle vor. Es gibt unterschiedliche Kategorien, die klassischen sind Stadt, Land, Fluss, Name und Beruf. Die Spieler schreiben sie als Überschriften in die Tabelle.

1. Ihr müsst euch so hinsetzen, dass die anderen nicht auf euer Blatt schauen können.
2. Ein Mitspieler fängt an, das Alphabet in Gedanken aufzusagen. Ein anderer Spieler sagt irgendwann „Stopp". Mit dem Buchstaben, an den der Mitspieler gerade gedacht hat, geht es los.
3. Jetzt müssen alle Spieler ihren Stift zücken und zu jeder Kategorie ein Wort mit dem genannten Anfangsbuchstaben finden.
4. Sobald einer der Mitspieler alle Kategorien ausgefüllt hat, ruft er „Stopp", und alle müssen aufhören zu schreiben.

Die Bewertung:

Jeder Spieler sagt, was er in der jeweiligen Kategorie notiert hat.
10 Punkte gibt es, wenn kein anderer Spieler dasselbe Wort hat.
5 Punkte gibt es, wenn zwei oder mehr Spieler dasselbe Wort haben.
20 Punkte werden gutgeschrieben, wenn sonst kein anderer Mitspieler die Kategorie ausgefüllt hat.

Am Ende werden alle Punkte zusammengezählt. Wer die meisten hat, gewinnt.

ALTER
ab 8

PERSONEN
2 +

MATERIAL
- **kariertes Papier**
- **Stifte**

Stadt	Land	Fluss	Name	Beruf
Kassel 10	Kanada 5	-	Kim 10	Kellner 10
Gelsen-kirchen 5	-	Ganges 10	Gisela 10	~~Ga~~ -
Paris				

Spielvariante

Es gibt viele mögliche Kategorien. Wer mit Kindern spielt, sollte eine Kategorie aufnehmen, die ins Wissensspektrum der Jüngeren fällt, beispielsweise: Comichelden, Superstars, Lieblingsfilme, Fußballer, Musiktitel, Tiere oder Automarken.

ALTER
ab 6

PERSONEN
2 +

MATERIAL
keines

STADT – LAND – FLUSS FÜR ANFÄNGER

Mit Kindern, die noch nicht schreiben können, gibt es folgende Spielvariante.

1. Der erste Mitspieler bekommt den Buchstaben A.
2. Er muss folgende Fragen beantworten:
   - Wie heißt du?
   - Woher kommst du?
   - Was bist du?
   - Wohin willst du?

Beispiel für Antworten mit A:

„Ich heiße Anna, komme aus Augsburg, bin allein und will nach Amerika.

Beispiel für Antworten mit B:

Ich heiße Bernhard, komme aus Berlin, bin Bauer und will in die Berge.

Beispiel für Antworten mit C:

Ich heiße Cecilia, komme aus Celle, bin chronisch müde und will nach China.

30 STILLE POST

ALTER
ab 8

PERSONEN
5 +

MATERIAL
keines

Wollt ihr wissen, wie Gerüchte entstehen? Dann spielt „Stille Post“!

Und das geht so:

1. Ihr denkt euch ein Wort aus und flüstert es dem Spieler, der neben euch sitzt, ins Ohr – zum Beispiel „Fahrrad“ oder „Spielzeug“. Es kann auch ein kurzer Satz sein.
2. Wem etwas geflüstert wird, der sollte richtig gut zuhören. Denn egal, was ihr gehört habt, flüstert ihr nun eurem Nachbarn zu.
3. Und so geht es weiter, bis schließlich der letzte Mitspieler das Wort laut ausspricht.

Oft hat das „losgeschickte“ Wort nur wenig mit dem zu tun, was ankommt.

ALTER
ab 8

PERSONEN
3 +

MATERIAL
- Papier
- Stifte

SPIELVARIANTE VON „STILLE POST"

Das einfache „Stille Post"-Spiel lässt sich aufpeppen:

1. Der erste Spieler schreibt einen kurzen Satz auf einen Zettel, beispielsweise „Ein Kind spielt Ball". Diesen Zettel faltet er zusammen und gibt ihn an den nächsten weiter.
2. Der wiederum muss ein passendes Bild zum Satz zeichnen.
3. Der dritte Mitspieler bekommt nun diese Zeichnung und muss mit einem Satz beschreiben, was er sieht.

Gibt es mehr als drei Mitspieler, wird der zuletzt notierte Satz wieder in eine Zeichnung umgesetzt und so weiter. Das Spiel wird aufgelöst, indem alle Mitspieler ihre Zettel reihum vorlegen.

30 WORT – PUNKT – SPIEL

ALTER
ab 8

PERSONEN
3 +

MATERIAL
- Papier
- Stifte

Das ursprüngliche Spiel geht so:

1. Ein Spieler denkt sich ein Wort aus (beispielsweise „R-Ä-T-S-E-L“). Es hat sechs Buchstaben. Den Mitspielern verrät er nur, dass es sechs Buchstaben hat und ein „E“ im Wort vorkommt.

2. Alle anderen schreiben nun ein Wort mit „E“ und mit sechs Buchstaben auf.

3. Haben alle ihre Vorschläge notiert, wird das „Rätsel“ offengelegt und die Punkte vergeben. 10 Punkte bekommt der, der das komplette Wort erraten hat. 2 Punkte gibt es für Buchstaben, die im Wort an der gleichen Stelle stehen. 1 Punkt gibt es für Buchstaben, die irgendwo im Ursprungswort vorkommen.

Ein Beispiel:

RÄTSEL – vorgegeben sind sechs Buchstabend und ein „E“.
Ein Mitspieler hat „Sieger“ aufgeschrieben,
ein anderer „Freund“ und ein
dritter „Schule“.

R	Ä	T	S	E	L	PUNKTE
S	I	E	G	E	R	5
F	R	E	U	N	D	2
S	C	H	U	L	E	3

Es wird so lange gespielt, bis der Erste 25 Punkte erreicht hat.

ALTER
ab 10

PERSONEN
2 +

MATERIAL
keines

32 TEEKESSELCHEN RATEN

Ein Ratespiel für alle, die gern „um die Ecke denken".

Das „Teekesselchen" ist das Synonym für den gesuchten Begriff, der in der Regel mindestens zwei unterschiedliche Bedeutungen hat.

1. Zunächst müsst ihr Begriffe finden, die mehr als eine Bedeutung haben. Beispielsweise:
   Apfel – Augapfel, Obst, Pferdeapfel
   Bein – Tischbein, Gliedmaßen bei Mensch und Tier
   Geschirr – Tassen und Teller, Pferdezaumzeug
   Hahn – Wasserhahn, Tier
   Karte – Spielkarte, Landkarte
   Katzenauge – Auge der Katze, Licht am Fahrrad

2. Und dann müsst ihr euch einen Teekesselchen-Spruch ausdenken.
   Der Spruch zu „Birne" könnte lauten:
   „Mein Teekesselchen ist eine Frucht und bringt Licht ins Dunkel."
   (Denn Birne ist sowohl ein Obst als auch die Glühbirne für eine Lampe.)

Hier noch sechs „Teekesselchen" to go:

1) Mein Teekesselchen steckt im Computer und manchmal auch in Papas Bauch.

2) Mein Teekesselchen mags gerne kalt und im Sommer süß.

3) Mein Teekesselchen ist rund und dreckig.

4) Mein Teekesselchen nervt und sieht gut aus.

5) Mein Teekesselchen ist spitz und blüht gelb.

6) Mein Teekesselchen ist immer grün und beherrscht den Kreuzstich.

Lösungen:
1) Chip (Computerbauteil und Kartoffelchip), 2) Eis (gefrorenes Wasser und Eis am Stiel), 3) Erde (Welt und Gartenerde), 4) Fliege (Insekt und Krawattenart), 5) Löwenzahn (Zahn des Löwen und Pflanze), 6) Nadel (Tannennadel und Nähnadel)

ALTER
ab 4

PERSONEN
2 +

MATERIAL
- weiße Wand
- 1 Lichtquelle, z. B. eine Taschenlamp

33 SCHATTENBILDER RATEN

Das Szenario ist schnell aufgebaut: Ihr braucht eine weiße Wand und eine Lichtquelle. Dann wird das Zimmer abgedunkelt. Derjenige, der die Schattenbilder macht, steht zwischen Lampe und Wand. Für dieses Spiel braucht ihr nur eure Hände.

Hier vier Beispiele: Schwan, Vogel (siehe Bild), Hund oder Krabbe

34 SCHIFFE VERSENKEN

Der Klassiker unter den Strategie-Spielen!

ALTER
ab 8

PERSONEN
2

MATERIAL
- kariertes Papier
- 2 Stifte
- Lineal

Jeder Mitspieler zeichnet sich jeweils zwei Spielfelder auf.
Jedes Feld umfasst 10 × 10 Kästchen.
Die Spalten werden mit Zahlen von 1 bis 10 nummeriert.
Die Zeilen von oben nach unten bekommen Buchstaben von A bis J.
Das eine Feld ist für die eigenen Schiffe.
Das zweite braucht ihr, um darin die „Schüsse" (und hoffentlich auch Treffer) auf den Gegner zu markieren.

Als Nächstes zeichnet ihr eure Flotte in eurem Spielfeld ein – und zwar so, dass es der andere nicht sehen kann.

Jeder Spieler verfügt über folgende Schiffe:

- 1 Flugzeugträger (6 Kästchen)
- 1 Kreuzer (4 Kästchen)
- 2 U-Boote (3 Kästchen)
- 2 Torpedoboote (2 Kästchen).

Um die Schiffe zu platzieren, umrahmt jeder Spieler die dem Schiff entsprechende Kästchenanzahl in seinem Feld. Wichtig: Die Schiffe dürfen nur waagrecht oder senkrecht aufgestellt werden, nicht diagonal, nicht über Eck und auch nicht unmittelbar aneinander!

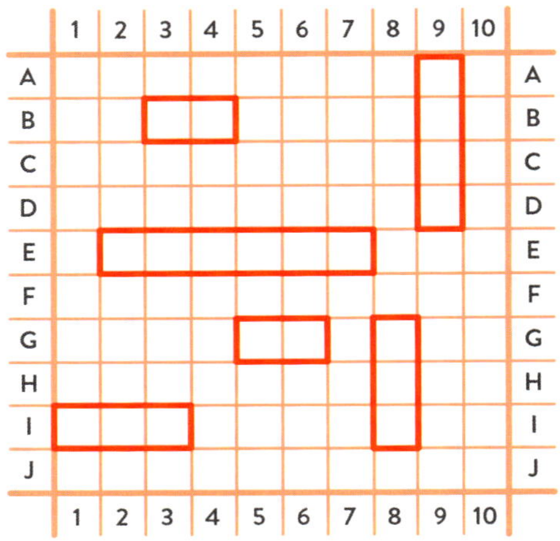

Die Schlacht kann beginnen:

1. Der erste Spieler nennt ein Kästchen im Feld seines Gegners. Also beispielsweise A5 oder G8. Der Gegner antwortet mit „Wasser“, wenn in diesem Kästchen keines seiner Schiffe eingezeichnet ist, oder mit „Treffer“, wenn in dem genannten Kästchen ein Schiff liegt.

2. Wird ein Schiff getroffen, darf der Spieler, der richtig getippt hat, ein weiteres Kästchen abfragen. Im besten Fall ist der „Schütze“ auf der richtigen Spur und rät so lange weiter, bis sein Gegenüber „Wasser“ vermeldet. Wird das letzte Kästchen eines Schiffes genannt, müsst ihr das dem Mitspieler mitteilen, indem ihr „versenkt“ sagt.

3. Alle Kästchen eines Schiffes, die getroffen wurden, werden mit einem Kreuz markiert.
4. Solange ein Spieler trifft, darf er weiter auf die Kästchen seines Gegners schießen. Verfehlt er sein Ziel, ist der andere Spieler an der Reihe.
5. Gewonnen hat der Spieler, der alle Schiffe seines Gegners zuerst versenkt hat.

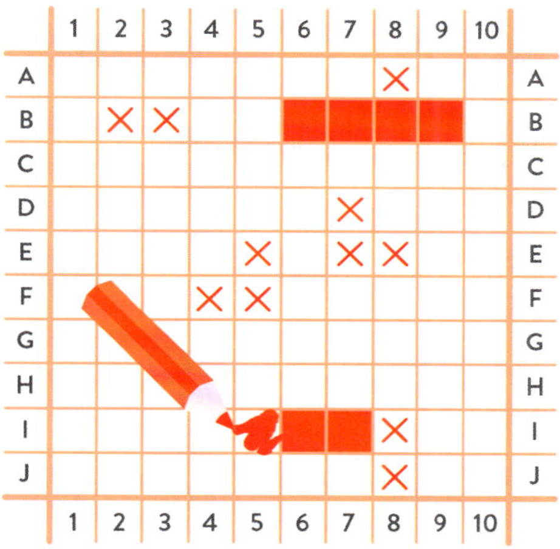

Schiffe versenken spielt ihr am besten zu zweit. Wenn mehrere Personen mitmachen, greifen sich die Spieler reihum an.

Tipp: Weil die Geheimhaltung des eigenen Spielfeldes hier eine große Rolle spielt, könnt ihr Kartons oder große Bücher zwischen euch aufstellen.

35 SCHARADE

ALTER
ab 6

PERSONEN
3 +

MATERIAL
- einige Zettel
- 1 Stift

Das ist ein Ratespiel ohne Worte, denn die gesuchten Begriffe müssen durch Pantomime dargestellt und von den übrigen Spielteilnehmern herausgefunden werden.

Dafür braucht ihr außerdem viel Fantasie.

Und so wird gespielt:

1. Je nachdem, wie viele Mitspieler es gibt, kann ein Spielleiter bestimmt werden, der aber dann nicht mitraten darf. Er schreibt seine Wortauswahl auf kleine Zettel und lässt alle Mitspielenden einen Zettel ziehen.
2. Es geht auch ohne Papier, denn wenn sich jeder Mitspieler einen eigenen Begriff ausdenkt, könnt ihr auf Zettel und Zufallsprinzip bei der Auswahl verzichten.
3. Im Idealfall sind die Begriffe, die dargestellt werden sollen, zusammengesetzte Substantive wie „Lampenschirm“ oder „Scheibenwischer“. Natürlich dürft ihr die Wortteile einzeln darstellen.
4. Jeder Spieler muss nun „sein“ Wort den Mitspielern pantomimisch darstellen, bis sie es erraten haben.

Spielen jüngere Kinder mit, stellt ihr ihnen vielleicht einen Berater zur Seite, der bei der Umsetzung hilft.

Oster-hase

Regen-schirm

Eine kleine Auswahl gut darzustellender Begriffe:

Hand-creme

Glatteis

Turm-falke

Schwimm-bad

Treppen-haus

Lichter-kette

Ohren-sessel

Sonnen-blume

Dreh-buch

Schaukel-pferd

Advents-kalender

Schnee-mann

Weihnachts-baum

Spielplatz

ALTER
ab 6

PERSONEN
3 +

MATERIAL
- Stifte
- Zettel und Klebeband (oder Klebezettel)

36 WER BIN ICH?

Dieses Ratespiel wird auch „Zettel vorm Kopf“ oder „Brett vorm Kopf“ genannt.

1. Ihr schreibt einen (bekannten) Namen, ein Tier oder einen Gegenstand auf einen der Zettel. Dieser wird nun auf die Stirn eines anderen Mitspielers geklebt. Wichtig ist, dass der Betroffene nicht sieht, was auf dem Zettel steht.
2. Wer er ist, muss er im Verlauf des Spiels durch geschicktes Fragen herauszufinden. Die Fragen dürfen nur mit „Ja“ oder „Nein“ beantwortet werden.

Wenn ihr mit Kindern spielt, solltet ihr euch zuvor auf eine Kategorie (Person, Tier oder Gegenstand) einigen. Seid sicher, dass der mit dem Zettel vor der Stirn die Person auch kennt.

3. Der Spieler mit dem Zettel vor der Stirn wählt zunächst einen Mitspieler aus, dem er Fragen stellt.
4. Er fragt beispielsweise:
   - Bin ich ein Mann? Bin ich eine Frau?
   - Bin ich jung?
   - Lebe ich noch?
   - Kann ich singen/tanzen/zaubern?
   - Bin ich Sportler/Schauspieler/eine Comicfigur?

5 Solange die Fragen des Spielers mit „Ja“ beantwortet werden, darf er weiterfragen. Bei einem „Nein“ kommt der nächste Mitspieler an die Reihe.

Ziel ist es, möglichst schnell die eigene Identität zu erraten.

Um das Spiel insbesondere für jüngere Mitspieler nicht zu frustrierend werden zu lassen, sollte die Anzahl der Fragen auf zehn begrenzt werden. Danach ist es erlaubt, Hinweise zu geben.

ALTER
ab 6

PERSONEN
3 +

MATERIAL
- 21 1-Cent-Münzen pro Mitspieler
- alternativ: Gummibärchen oder Ähnliches
- 1 Würfel

37 PFENNIG-PYRAMIDE

Auch wenn es „Pfennige" nicht mehr gibt, das Würfelspiel bleibt.

Und so wird es gespielt:

1. Legt mit den Münzen zuerst eine Pyramide (beziehungsweise ein Dreieck) vor euch auf den Tisch. In die untere Reihe kommen sechs Spielsteine (Münzen oder Süßigkeiten), in die darüber fünf, dann vier, drei, zwei und ein Spielstein kommt oben drauf. Insgesamt sind es nun sechs Reihen.
2. Der Erste würfelt beispielsweise eine 3. Jetzt darf er von einem Mitspieler seiner Wahl die dritte Reihe von oben (mit drei Spielsteinen) abräumen.
3. Der Zweite würfelt nun beispielsweise eine 5. Dieser darf nun von einem Mitspieler seiner Wahl aus der fünften Reihe von oben (mit fünf Spielsteinen) seinen Gewinn einstreichen.
4. Gespielt wird reihum so lange, bis der erste Spieler keine Spielsteine mehr in seiner Pyramide hat.

Gewonnen hat der Mitspieler, der bis dahin die meisten Münzen (oder Spielsteine) von anderen „abgeräumt" hat. Münzen, die am Ende des Spiels noch in der eigenen Pyramide liegen geblieben sind, zählen dabei nicht mit.

37 BECHER-MEMORY

Gehirnjogging für Anfänger

ALTER
ab 5

PERSONEN
3 +

MATERIAL
- Pappbecher
- Bierdeckel
- kleine Gegenstände und Naschereien

1. Zuerst werden die Gegenstände in die Pappbecher gefüllt. In jeden Becher kommt etwas anderes. Es sollten pro Mitspieler zwei bis drei Becher sein. Wer mitspielt, darf sich die Becher samt Inhalt zuvor genau anschauen.
2. Dann werden die Becher umgedreht auf die Bierdeckel gesetzt und verschoben.
3. Wie beim echten Memory müsst ihr jetzt raten, was sich unter welchem Becher versteckt.

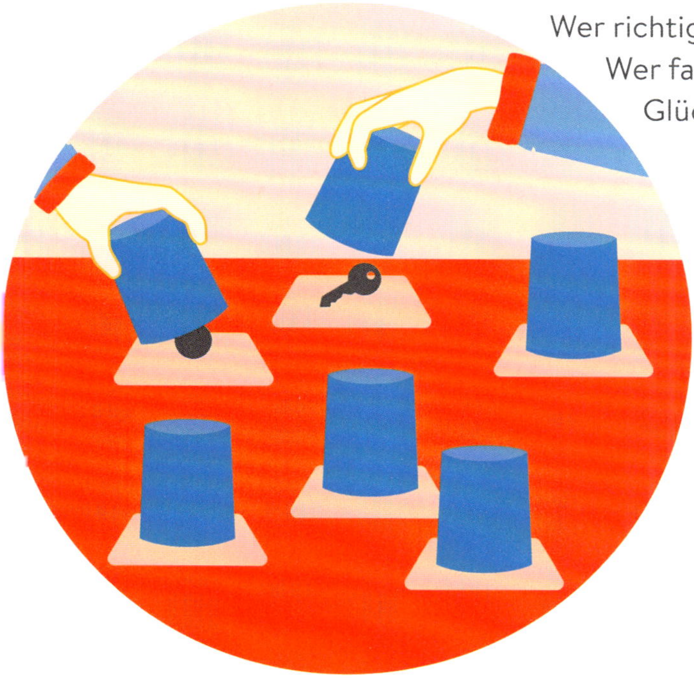

Wer richtig rät, ist nochmals dran. Wer falschliegt, darf später sein Glück erneut versuchen.

VIEL SPASS MIT (FAST) NIX

ZWÖLF SPIELE GEGEN LANGEWEILE

Die beste Exit-Strategie für langweilige Autofahrten oder endlose Zugreisen sind **SPIELE-KLASSIKER MIT (FAST) KEINEN MATERIALIEN.** Sie funktionieren natürlich auch zu Hause, denn Papier und Buntstifte gibt es wirklich überall.

Wenn sich die Großen auf die Kleineren einlassen, dann kann daraus ein höchst vergnügliches Abenteuer werden. Ein Blick aus dem Fenster kann so zum kunterbunten Suchspiel werden, und selbst in einem Smiley steckt ungeahntes Spaßpotenzial. Und garantiert vergeht die Zeit mit diesen Spielen wie im Flug.

39 ICH SEHE WAS, WAS DU NICHT SIEHST

Dafür braucht ihr wirklich nur ein gutes Auge.

ALTER
ab 4

PERSONEN
2 +

MATERIAL
keines

Und so wird gespielt:

1. Alle Mitspieler sitzen zusammen (vielleicht am Tisch, im Zug oder auf der Couch). Einer fängt an und sagt: „Ich sehe was, was du nicht siehst, und das ist grün."
2. Alle anderen müssen nun raten, was er wohl gemeint hat: einen Stift, ein Kissen, die Pflanzen auf dem Fensterbrett? Bei diesem Spiel werden nur Farben als Hinweis auf den Gegenstand, der gesucht wird, bekannt gegeben.
3. Wer das richtige Ding erraten hat, ist als Nächster an der Reihe.

40 ICH PACKE MEINEN KOFFER ...

ALTER ab 4

PERSONEN 2+

MATERIAL keines

Dieses lustige Spiel erfordert volle Konzentration, denn schneller als gedacht ist ein Detail vergessen, und ihr seid raus.

1. Ein Mitspieler fängt an. Er sagt den Satz: „Ich packe in meinen Koffer ... eine Schwimmente."
2. Der nächste Spieler wiederholt den Satz und packt noch etwas hinzu. Er sagt: „Ich packe in meinen Koffer eine Schwimmente und eine Zahnbürste."
3. Der Dritte muss schon besser aufpassen, um nichts zu vergessen: „Ich packe in meinen Koffer eine Schwimmente, eine Zahnbürste und ein Schmusetier."
4. Der darauffolgende Mitspieler wiederholt erneut den kompletten Satz und ergänzt ihn: „Ich packe in meinen Koffer eine Schwimmente, eine Zahnbürste, ein Schmusetier und einen Badeanzug"

Das Spiel könnte endlos weitergehen ... bis ein Spieler etwas bei der Aufzählung durcheinanderbringt oder vergisst. Dann geht das Spiel von vorne los, und ein neuer Koffer wird gepackt.

ALTER
ab 5

PERSONEN
2 +

MATERIAL
- Papier (20 × 20 cm)
- Buntstifte

41 HIMMEL UND HÖLLE

Das ist ein Fingerspiel, das Kinder lieben.

Zunächst bastelt ihr ein „Himmel und Hölle"-Spiel.

1. Dazu müsst ihr den Mittelpunkt des Papiers bestimmen. Faltet es zu einer Hälfte. Dann wieder auseinanderfalten, sodass ihr eine Knick-kante erhaltet. Dann nochmals mittig falten – und wieder auseinanderlegen. Wo sich die entstandenen Knickkanten kreuzen, ist der Mittelpunkt.
Die Knickkanten erleichtern euch die weiteren Schritte.

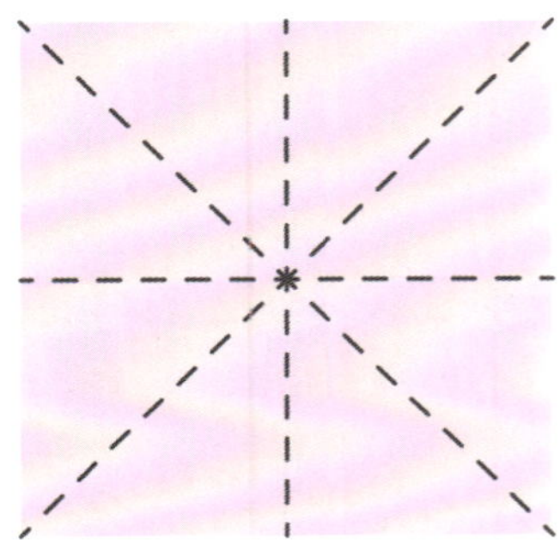

2. Jetzt faltet ihr alle vier Ecken zum Mittelpunkt hin. So entsteht ein kleineres Quadrat.

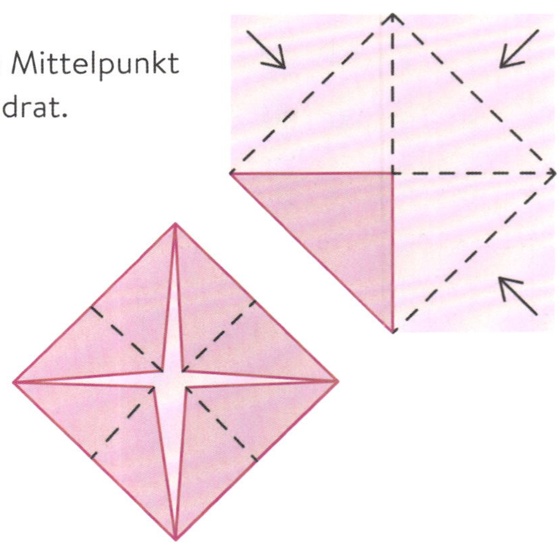

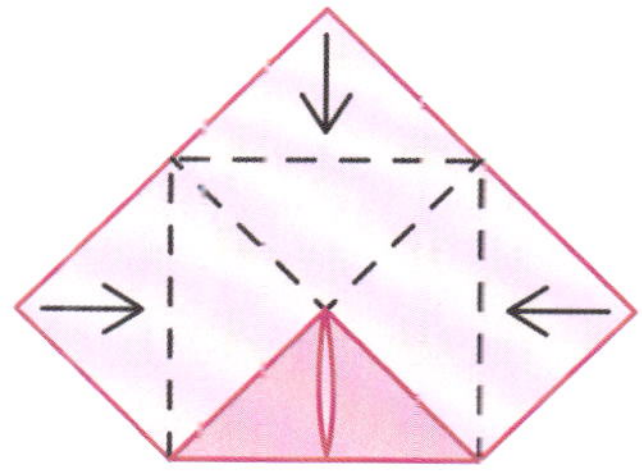

3 Das dreht ihr um und faltet noch mal alle vier Ecken zur Mitte hin ein.

4 Wenn ihr das Quadrat wieder umdreht, seht ihr vier Ecktaschen, so wie auf dieser Zeichnung.

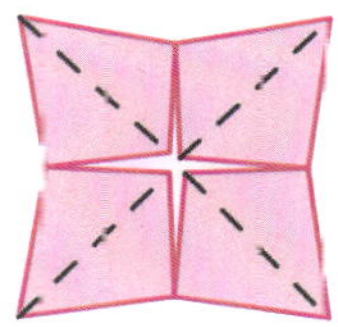

Nun faltet ihr das Quadrat in der Mitte und schiebt jeweils Daumen und Zeigefinger in die Taschen. Wenn ihr das gefaltete Papier jetzt auseinanderzieht, ist das Spiel fertig.

Je nachdem, was ihr damit spielen wollt, wird das „Himmel und Hölle"-Spiel unterschiedlich bemalt. Die Innenseiten werden abwechselnd rot (für die Hölle) und blau (für den Himmel) eingefärbt. Für andere Spiele könnt ihr auch Symbole (z. B. Sonne, Mond und Sterne) auf die Innenseiten zeichnen oder sie mit Zahlen beschriften.

Himmel und Hölle spielen

Für die einfachste Spielvariante gestaltet jeder Spieler sein eigenes „Himmel und Hölle“-Spiel und lässt dann die Mitspieler raten, wo der Himmel und wo die Hölle versteckt sind.
Die farbigen Felder sind nicht immer an der gleichen Stelle, wenn ihr das Spiel dreht. Der Mitspieler kann auch eine Zahl zwischen 1 und 10 nennen. Dann wird das Spiel entsprechend oft gedreht, bevor er sein Feld wählt.

Wer dabei öfter im Himmel als in der Hölle landet, ist ein wahres Engelchen.

Variation:

Beschriftet die Innenseiten mit Zahlen. Wem das Spiel gehört, der hält es. Die Mitspieler müssen reihum ein Feld wählen. Die Zahl, die sich darunter verbirgt, wird notiert, und am Ende werden alle zusammengezählt. Wer die höchste Punktzahl hat, gewinnt. Zwischen jeder Runde wird das Spiel mehrmals gedreht.

Tipp: Ihr könnt aus „Himmel und Hölle“-Spielen auch lustige Papiermonster gestalten, die wie Handpuppen verwendet werden..

42 PAPIERSCHIFFCHEN FALTEN

ALTER
ab 5

PERSONEN
1+

MATERIAL
- Papier (20 × 30 cm)
- Buntstifte

Mit dem richtigen Knick können tapfere Piraten schnell in See stechen.

Und so geht es:

1. Das Papier in der Mitte falten. Die offene Kante liegt unten.
2. Faltet es nochmals zur Hälfte zum Rechteck und öffnet es wieder. So bekommt ihr eine Knickkante, die ihr für den nächsten Schritt braucht.

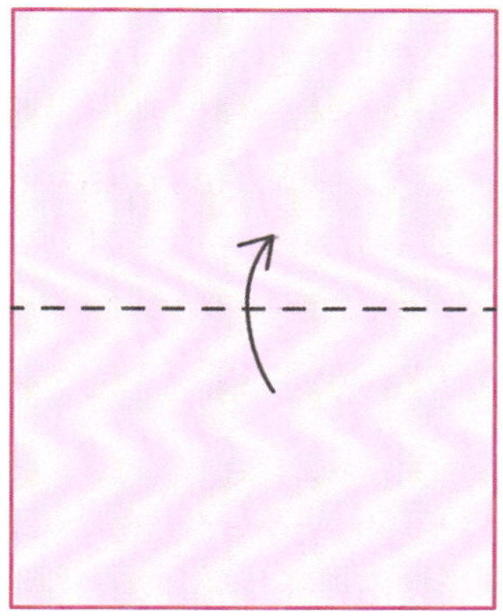

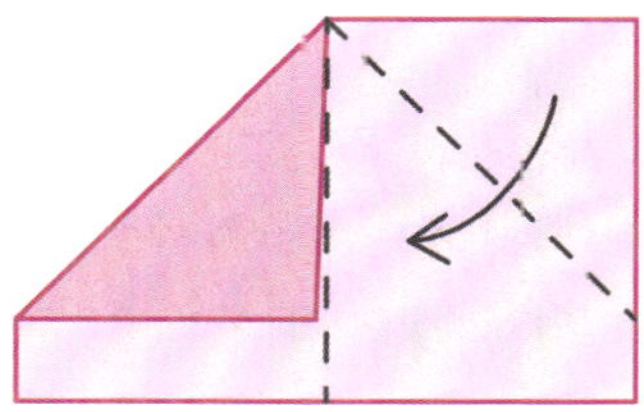

3. Die geschlossene äußere Ecke faltet ihr rechts und links zur Mittellinie hin.

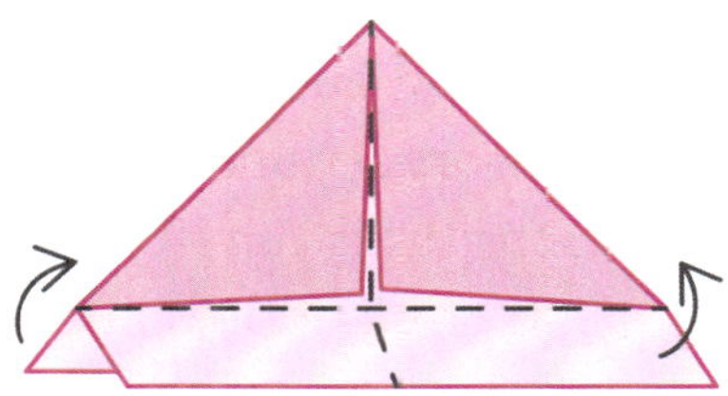

4. Klappt nun den überstehenden Papierstreifen nach oben auf die gefalteten Dreiecke. Dreht das Ganze um und faltet den anderen Papierstreifen ebenso auf der Rückseite.

5 Jetzt stehen links und rechts noch Ecken über, die ihr jeweils auf die andere Seite umknickt. Das Ergebnis ist ein großes Dreieck.

6 Dieses Dreieck sieht wie ein Hut aus. Fasst nun unten in den Hut hinein (am besten genau in der Mitte) und zieht ihn auseinander. Jetzt habt ihr ein Quadrat vor euch, das genauso aussieht wie auf der Zeichnung. Dreht es, sodass die Spitze mit den umgeknickten Papierstreifen nach unten zeigt.

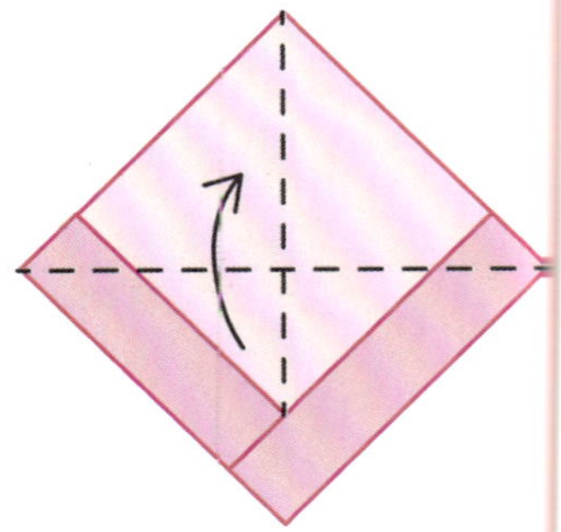

7 Die untere Spitze wird jetzt nach oben gefaltet. Nun umdrehen und auch die andere untere Spitze nach oben klappen.

8 Auch dieses Dreieck sieht wieder wie ein Hut aus, auch wenn er kleiner geworden ist. Aber genau wie beim ersten Mal zieht ihr ihn nun mittig auseinander.

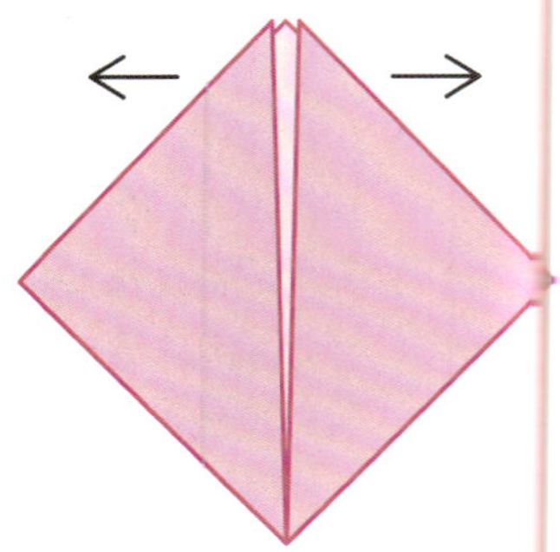

9 Jetzt ist aus dem Dreieck wieder ein Quadarat geworden, und es ist nur noch ein kleiner Schritt bis zum fertigen Schiff, denn ihr müsst eigentlich nur noch die oberen Spitzen auseinanderziehen.

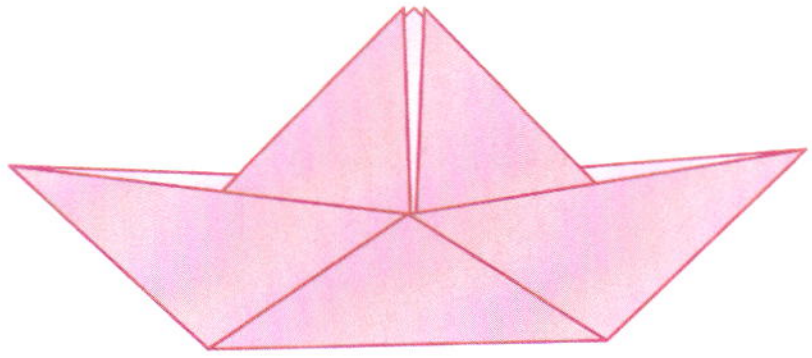

10 Das Papierschiffchen muss noch ein wenig zurechtgezupft werden, damit es stehen (und später auch schwimmen) kann.

Wer möchte, kann sein Schiffchen noch bunt anmalen.

Mit Papierschiffchen spielen

Auch wenn ihr es kaum glauben könnt, diese Papierschiffchen schwimmen richtig gut. Ihr könnt sie aufs Wasser setzen (in einen flachen Kinderpool oder die Badewanne) und durch kräftiges Pusten vorantreiben. Welches Schiff zuerst den „Hafen" erreicht, hat gewonnen.

Variation:

Dazu müsst ihr allerdings ganz viele Schiffchen (mindestens zehn) basteln. Je zwei Schiffe bekommen einen gleichfarbigen Punkt auf der Unterseite aufgemalt. Die Schiffe an sich sollten weiß bleiben. Diese stellt ihr auf einen blauen Untergrund (eine blaue Tischdecke oder ein blaues Papier). Jetzt könnt ihr damit Memory spielen. Jeder, der zwei Schiffe mit dem gleichen farbigen Punkt umdreht, darf sie behalten – und ist noch mal am Zug. Wer die meisten Schiffe in den Hafen bringt, ist Piratenkönig.

43 EINFACHE PAPIERFLIEGER FALTEN

Ein Klassiker aus der Schulzeit sind einfache Papierflieger.

Und so geht es:

1. Das Papier wird der Länge nach mittig gefaltet.

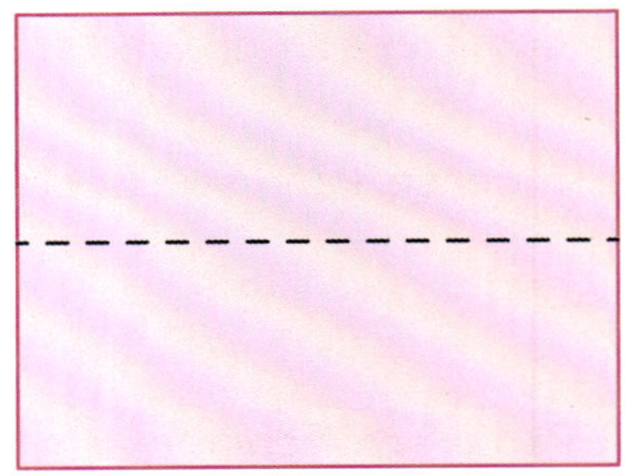

2. Das Flugzeug benötigt eine Spitze. Dazu faltet ihr auf einer der kurzen Seiten jeweils die äußere Ecke zur Mittelkante des Blattes hin. Noch ist die Flugzeugspitze nicht ganz fertig. Im nächsten Schritt faltet ihr die neu entstandenen Außenkanten ebenfalls zur Mittelkante hin.

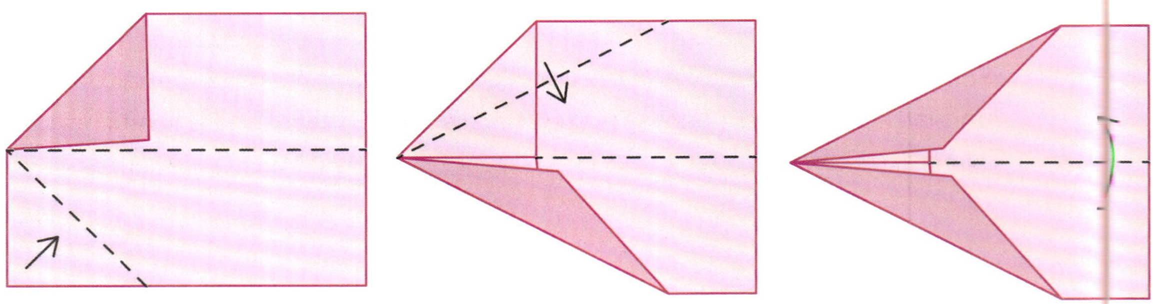

ALTER
ab 5

PERSONEN
1

MATERIAL
- Papier (20 × 30 cm)
- Buntstifte

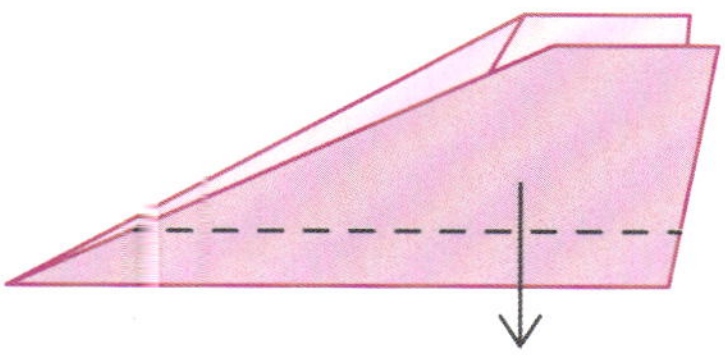

3. Ein Papierflugzeug benötigt natürlich auch Flügel. Dazu faltet ihr zunächst auf einer Seite das Papier so nach unten, dass nur noch ein etwa daumenbreiter Rand zum unteren Papierrand übrig bleibt.

4. Jetzt das Flugzeug wenden und den gleichen Vorgang mit dem anderen Flügel durchführen.

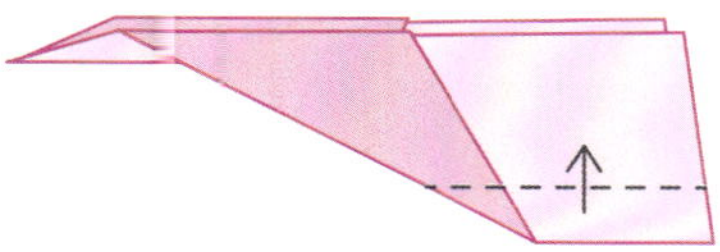

5. Damit das Flugzeug besser abhebt, muss der Flügel noch weiter bearbeitet werden, indem ihr beide Flügel an der unteren Kante etwa daumenbreit nach oben knickt.

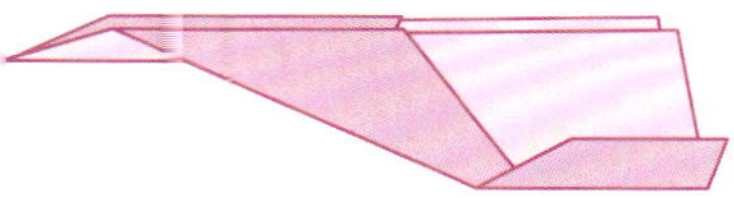

6. Nun müsst ihr nur noch die Flügel auffalten und die Kanten etwas ausrichten. Fertig ist das Papierflugzeug.

Mit Papierfliegern spielen

Die einfachen Papierflieger haben zumeist keine lange Lebensdauer. Trotzdem könnt ihr damit ein Wettfliegen veranstalten. Der Flieger, der am weitesten fliegt, gewinnt.

ALTER
ab 6
PERSONEN
1+

MATERIAL
- Papier
- 1 Stift

44 DAS HAUS VOM NIKOLAUS

„Das Haus vom Nikolaus" ist ein Zeichenspiel. Dabei müsst ihr versuchen, ein Haus aus genau acht Linien zu zeichnen, ohne den Stift abzusetzen. Außerdem darf keine Strecke zweimal gezeichnet werden.

Dazu gibt es einen Reim, der acht Silben hat. Nämlich:

„Das ist das Haus vom Ni-ko-laus."

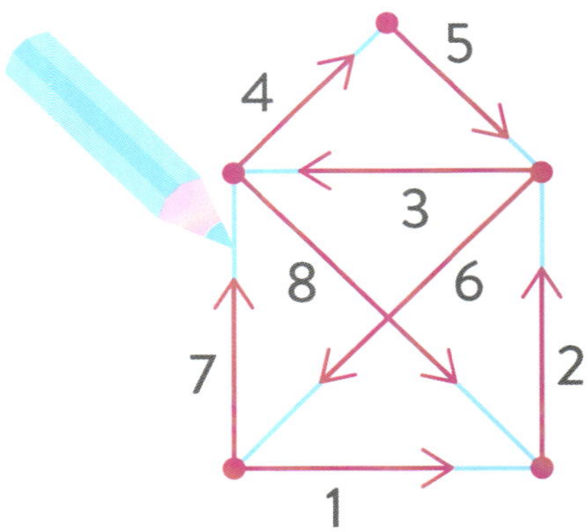

Es gibt übrigens 44 verschiedene Weisen, wie ihr „das Haus vom Nikolaus" zeichnen könnt.
Probiert es doch einmal aus! Wie viele unterschiedliche Malweisen schafft ihr?

Spielvarianten

Es ist möglich, auf die gleiche Art und Weise zwei Häuser nebeneinander zu zeichnen. Der Spruch dazu:

„Das ist das Haus vom Ni-ko-laus
und ne-ben-an vom Weih-nachts-mann."

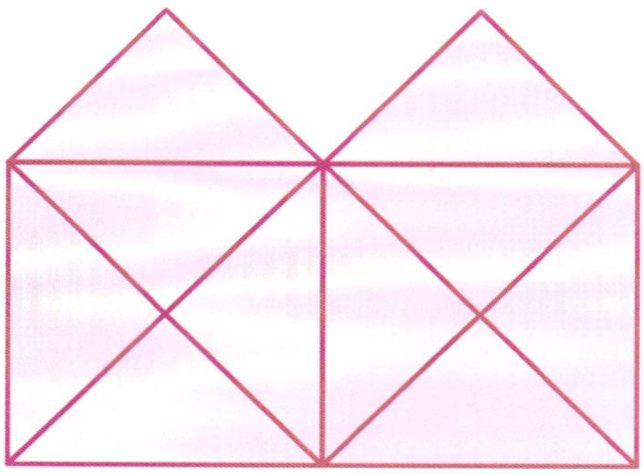

Und für ganz ausgefuchste Zeichenkünstler:

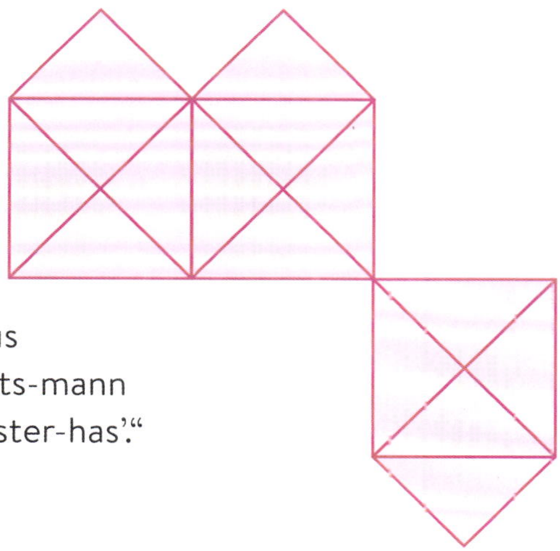

„Das ist das Haus vom Ni-ko-laus
und ne-ben-an vom Weih-nachts-mann
und über der Straß' das vom Oster-has'."

45 TIC-TAC-TOE

ALTER
ab 5

PERSONEN
2

MATERIAL
- **Papier**
- **2 Stifte**

Ein einfaches Spiel mit klaren Regeln.
Doch es zu gewinnen, ist oftmals schwerer als gedacht.

Tic-Tac-Toe wird in einem Raster gespielt, das drei mal drei Quadrate groß ist. Es ist schnell mit vier Strichen gezeichnet.

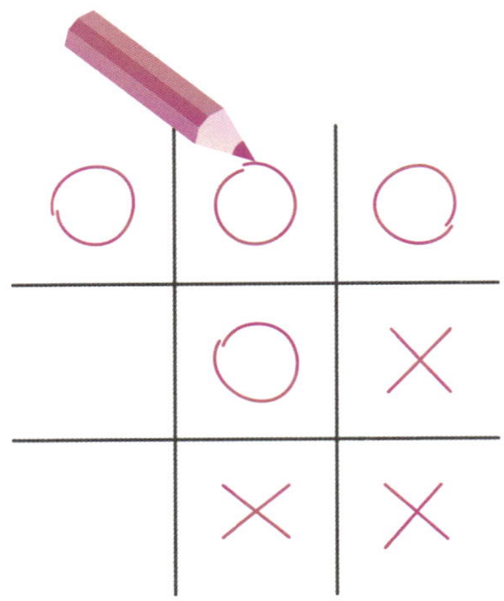

Und so wird gespielt:

1. Es gibt zwei Symbole: X und O. Die Spieler entscheiden, wer welches Symbol im Spiel verwenden möchte.
2. Die Spieler setzen abwechselnd ihr Symbol auf ein leeres Feld.

Ziel ist es, drei eigene Symbole in einer Reihe unterzubringen. Die Reihe darf senkrecht, waagerecht oder diagonal verlaufen. Wem das zuerst gelingt, der hat gewonnen. Sind alle Felder gefüllt, ohne dass ein Mitspieler drei Symbole in eine Reihe setzen konnte, endet das Spiel unentschieden.

ALTER
ab 4

PERSONEN
2

MATERIAL
keines

46 SCHERE, STEIN, PAPIER

Dieses Fingerspiel wird auch „Schnick, Schnack, Schnuck“ genannt.
Ihr könnt es spielen, um herauszufinden, wer als Erster dran ist, wer entscheiden darf, was gespielt wird, oder wer wem etwas aus dem Kühlschrank holen muss. Oder auch einfach nur, weil es Spaß macht. Es gibt drei unterschiedliche Zeichen, die bei diesem Spiel mit den Fingern beziehungsweise mit der Hand gemacht werden können.
Die Schere wird mit zwei ausgestreckten Fingern (Mittel- und Zeigefinger) dargestellt.
Der Stein wird durch eine geballte Faust symbolisiert.
Das Papier ist die flach ausgestreckte Hand.

1. Es spielen jeweils zwei Personen gegeneinander. Sie stehen einander gegenüber und schließen die Spielhand zur Faust.
2. Beide heben und senken die Faust und sagen dabei „Schere, Stein, Papier“ (oder eben „Schnick, Schnack, Schnuck“). Bei „Papier“ (oder „Schnuck“) macht jeder sofort eines der drei Symbole mit seiner Hand. Entweder zeigt er Schere, Stein oder Papier.

Die Auswertung:

1. Möglichkeit: Beide machen das gleiche Zeichen/Symbol, dann steht es unentschieden.
2. Möglichkeit: Bei Schere gegen Stein gewinnt der Stein, weil die Schere daran kaputtgeht.
3. Möglichkeit: Bei Schere gegen Papier gewinnt die Schere, weil die Schere das Papier zerschneidet.
4. Möglichkeit: Bei Papier gegen Stein gewinnt das Papier, weil das Papier den Stein einwickelt.

47 KÄSEKÄSTCHEN

ALTER
ab 6

PERSONEN
2

MATERIAL
- **kariertes Papier**
- **2 Stifte**

Mit kleinen Abwandlungen wird „Käsekästchen“ auf der ganzen Welt gespielt.

Zur Vorbereitung zeichnet ihr auf dem karierten Papier ein Spielfeld, das 10 × 10 Kästchen umfasst. Jeder Mitspieler wählt ein Symbol, beispielsweise X oder O.

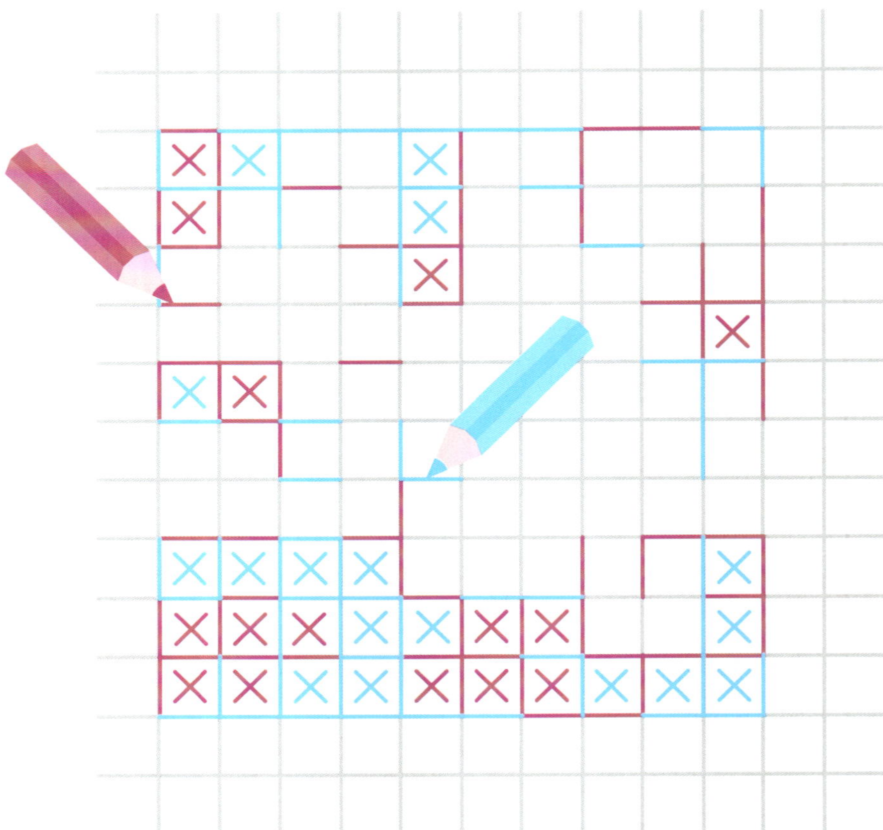

1. Auf dem Spielfeld werden abwechselnd die Seiten der Kästchen Strich für Strich nachgezogen, bis sie Quadrate bilden. Es werden also die vorgedruckten Grenzen zwischen zwei Karos im Feld verstärkt.
2. Derjenige, der ein Quadrat schließt, darf es mit seinem Zeichen (X oder O) markieren, und es gehört ihm.
3. Als Belohnung dafür ist ein weiterer Strich erlaubt. Ergibt sich daraus noch ein geschlossenes Quadrat, gehört auch das ihm.
4. Ist dies nicht der Fall, darf der Gegenspieler einen Strich setzen.

Ziel des Spiels ist es, möglichst viele Kästchen für sich zu erobern. Wenn alle Wände gesetzt sind, ist das Spiel zu Ende. Derjenige, der am meisten Kästchen mit seinem Symbol markiert hat, ist der Gewinner des Spiels.

Tipp: Käsekästchen ist eine simple Form eines Strategiespiels. Ihr müsst nicht immer den nächsten Strich so setzen, dass ihr damit eine mögliche Eroberung des Spielpartners vereitelt. Manchmal zahlt sich Großzügigkeit aus, weil ihr stattdessen an einer anderen Stelle besser punkten könnt.

48 PUNKT, PUNKT, KOMMA, STRICH ...

... und fertig ist das Mondgesicht. Warum nicht aus diesem bekannten Spruch ein lustiges Spiel machen? Und zwar mit verbundenen Augen!

Zwei Spieler sitzen sich gegenüber – die Augen sind verbunden. Vor ihnen liegt ein Blatt Papier, das in der Mitte durch einen Strich in zwei Hälften unterteilt ist.

1. Jeder Mitspieler bekommt einen Stift, mit dem er versuchen muss, auf der Hälfte des jeweils anderen ein Gesicht zu malen.
2. Natürlich muss das Gesicht auf dem Kopf stehen.

Gar nicht so einfach, aber auf alle Fälle lustig.

Spielvariante:

Spielt ihr mit jüngeren Kindern, wird das Papier von den Ecken aus in vier Dreiecke unterteilt. Den Mitspielern werden die Augen verbunden, und sie müssen jeweils versuchen, das Dreieck, das direkt vor ihnen liegt, auszumalen. Wer über den Rand seines Dreiecks hinwegmalt, bekommt einen Minuspunkt. Und wer im Rahmen bleibt, gewinnt.

ALTER
ab 5

PERSONEN
2

MATERIAL
- Papier
- 2 Stifte
- 2 Augenbinden

ALTER
ab 5

PERSONEN
2 +

MATERIAL
- **Papier**
- **Stifte**

49 FANTASIETIERE MALEN

Das Material für dieses lustige Spiel ist schnell gefunden

1. Jeder überlegt sich ein Tier. Den Kopf des Tieres malt ihr oben in der Mitte auf das Papier.
2. Faltet das Papier so, dass nur noch der Halsansatz des Tieres zu sehen ist, und reicht es an den Mitspieler rechts von euch weiter.
3. Daraufhin zeichnet jeder an den Halsansätzen den Hals „seines" Tieres. Und wieder umknicken und nach rechts weiterreichen.
4. Als Nächstes kommt der Körper (inklusive Schwanz) – wieder umknicken und weiterreichen.
5. Zum Schluss noch die Beine und Füße dran – fertig!

Nach dem letzten Weiterreichen öffnet reihum jeder sein Papier und zeigt das Kunstwerk den anderen Mitspielern.

50 FADENSPIELE

ALTER
ab 6

PERSONEN
2 +

MATERIAL
1,5 m Schnur oder festen Faden

Fadenspiele gibt es unendlich viele, und sie werden überall auf der Welt gespielt.

Die Schnur (nicht zu dünn und nicht zu dick) wird zusammengeknotet, sodass ihr eine geschlossene Schlaufe erhaltet.

Hier ein Beispiel für zwei Spieler:

1. Lege die Schlaufe zuerst über beide Hände – die Daumen bleiben draußen.
2. Fahre nun mit der rechten Hand einmal unter dem rechten Faden durch und mit der linken Hand unter dem linken Faden durch.
3. Zieh die Hände auseinander, damit die Fäden gleichmäßig gespannt sind.
4. Führe den rechten Mittelfinger unter den Faden, der über deine linke Handfläche verläuft, und ziehe die Hände wieder auseinander. Das Gleiche machst du auf der anderen Seite: mit dem linken Mittelfinger den Faden von der rechten Handfläche holen und wieder auseinanderziehen.

Jetzt kommt der zweite Spieler an die Reihe.

5. Er greift mit Daumen und Zeigefinger die beiden gekreuzten Fäden. Er hält sie fest, zieht sie nach außen und führt sie unter den beiden unten liegenden Fäden durch.
6. So hebt er die ganze Fadenfigur aus den Händen des Spielpartners.

7 Nun spreizt er Daumen und Zeigefinger, und es entsteht das erste Fadenbild: die „Matratze“

8 Spieler Nummer eins übernimmt und greift von oben mit Daumen und Zeigefinger in die gekreuzten Fäden. Er zieht sie nach außen und unter den beiden unten liegenden Fäden hindurch. So hebt er das Fadengeflecht aus den Händen des Mitspielers.

9 Jetzt wieder auseinanderziehen, und schon entsteht das zweite Fadenbild: der „Spiegel“.

Noch eine?

10 Um das Fadengeflecht weiterzuführen, übernimmt wieder der zweite Spieler. Er greift nun mit dem rechten kleinen Finger von oben den linken der zwei Mittelfäden (die zwischen Daumen und Zeigefinger verlaufen) und mit dem linken kleinen Finger von oben den rechten Faden.

11 Die kleinen Finger müssen gekrümmt sein, um die Fäden festzuhalten. Nun werden die Hände ein Stück weit auseinandergezogen, denn sie sollen von außen unter die beiden unteren Fäden nach oben geführt werden.

12 Ist das geschafft, entsteht das Fadenbild „Wiege“.

SPEZIAL:
RUND UMS OSTEREI

Ostern ist viel mehr als hart gekochte, bunte Eier und Nester suchen. Traditionell wird an diesen Tagen auch gespielt. Was, das erfahrt ihr hier!

EIERRUTSCHE – EIERLAUFEN – EIERKAMPF

Diese Spiele kommen nur zur Osterzeit zum Einsatz.

ALTER
ab 4

PERSONEN
2 +

MATERIAL
bunte Eier (hart gekocht)

EIERRUTSCHTE

Gespielt wird an einem kleinen Abhang oder einem Sandhügel.
Wer mitspielt, bekommt ein buntes Ei.
Jetzt lasst ihr nacheinander die Eier den Hügel hinunterrollen.
Wessen Ei heil unten ankommt und noch dazu am weitesten rollt, hat gewonnen.

ALTER
ab 4

PERSONEN
2 +

MATERIAL
- bunte Eier (hart gekocht)
- 1 Esslöffel pro Spieler

EIERLAUFEN

Für diesen Wettlauf braucht
ihr pro Mitspieler ein Ei und einen Esslöffel.
Jeweils zwei Mitspieler treten gegeneinander an.
Zuerst wird eine Laufstrecke abgemessen und Start und Ziel gekennzeichnet.
Dann legt jeder sein Ei auf einen Esslöffel und versucht, die Strecke möglichst schnell zurückzulegen. Dabei darf das Ei nicht vom Löffel fallen. Gewonnen hat der schnellste Läufer, der sein Ei heil ins Ziel gebracht hat.

Variation für ältere Kinder:

Ihr baut einen kleinen Parcours mit Slalom und Hindernissen, den die Mitspieler durchlaufen müssen. Das Ei jetzt ins Ziel zu bringen, ohne dass es runterfällt, ist eine echte Herausforderung.

ALTER
ab 4

PERSONEN
2 +

MATERIAL
- bunte Eier (hart gekocht)
- 2 Esslöffel pro Spieler

EIERKAMPF

Jeder Mitspieler bekommt zwei Esslöffel und ein Ei. Wahlweise können auch kleine Kartoffeln oder Bälle zum Einsatz kommen.

1. Es spielen immer zwei Kinder gegeneinander. Sie haben jeweils einen Löffel in jeder Hand – auf einem liegt das Ei.
2. Mit dem leeren Löffel versucht ihr nun, das Ei des Gegners vom Löffel zu schubsen. Gleichzeitig müsst ihr aber auch euer eigenes Ei verteidigen!
3. Es ist nicht erlaubt, die Hand oder den Arm des Gegenübers mit dem Löffel zu attackieren. Wer es trotzdem macht, bekommt einen Strafpunkt. Bei drei Strafpunkten scheidet der Spieler aus.

Gewonnen hat, wer sein Ei erfolgreich mit fairen Mitteln verteidigen konnte.

SPEZIAL: WINTER-SPIELE

Frisch gefallener Schnee übt eine magische Anziehungskraft aus und ist ein tolles Spielmaterial. Was ihr (abgesehen von einer Schneeballschlacht) damit alles machen könnt, erfahrt ihr hier!

SCHNEEMANN BAUEN –
EIN HAUS AUS SCHNEE BAUEN –
SCHNEEADLER MACHEN

Tipp: Unbedingt fotografieren, denn allzu oft gibt es nicht die Chance, einen richtigen Schneemann zu machen. Und beim nächsten Tauwetter ist er weg!

SCHNEEMANN BAUEN

Dafür braucht ihr natürlich richtig viel Schnee – und Handschuhe.

1. Ein Schneemann besteht aus drei unterschiedlich großen Schneekugeln. Um sie herzustellen, müsst ihr mit den Händen eine kompakte Kugel formen, die ihr dann so lange durch den Schnee rollt, bis sie die passende Größe hat.
2. Die größte Schneekugel kommt zuerst an den Platz, auf dem der Schneemann stehen soll. Darauf eine etwas kleinere Kugel als Oberkörper, und zum Schluss eine kleine Kugel als Kopf.
3. Die Arme könnt ihr aus Schnee an die mittlere Kugel modellieren oder ihr verwendet zwei Zweige dafür.
4. Um dem Schneemann ein Gesicht zu geben, braucht ihr eine Karotte (als Nase), Bonbons (als Augen) und einen Zweig oder einen dunklen Papierstreifen (als Mund).
5. Ein Hut, ein Besen und dunkle Steine (als Knöpfe) stehen einem Schneemann gut.

EIN HAUS AUS SCHNEE BAUEN

Einen Iglu bauen ist eine tolle Sache – allerdings braucht ihr dafür noch viel, viel mehr Schnee als für einen Schneemann.

1. Zuerst tretet ihr eine Fläche im Schnee fest, auf der ihr euren Iglu bauen wollt.

2. Schneidet mithilfe einer Schaufel große Schneeblöcke zurecht und ordnet sie im Kreis an.
3. Die zweite Reihe der Schneeblöcke muss versetzt auf die Basisblöcke gesetzt werden. Die Zwischenräume werden mit Schnee verfüllt. Die nächsten Schneeblockreihen werden dann immer weiter nach innen geneigt aufgesetzt, sodass sich nach und nach das Dach herausbildet.
4. Je nach Größe des Iglus wird der Eingang schon während des Bauens herausgeschnitten oder erst am Ende geöffnet.

So einen Iglu perfekt zu bauen, dauert eine ganze Weile, und es wird jede Hand gebraucht. Es ist ein Projekt für die ganze Familie.

SCHNEEADLER MACHEN

Ein großer Spaß und schnell gemacht!

1. Lasst euch rückwärts in frischen Pulverschnee fallen.
2. Breitet die Arme aus und drückt sie immer wieder so in den Schnee, dass die „Adlerflügel“ entstehen.
3. Das Gleiche macht ihr mit den Beinen, sodass sich die „Schwanzfedern des Adlers“ im Schnee abbilden.

Das Schwierigste ist eigentlich, aufzustehen, ohne den Schneeadler zu zerstören.

Bildverzeichnis:

Umschlag:
iStock/Morsa images: U1 oben links | iStock/kali9: U1 oben rechts
iStock/AndreyPopov: U1 unten links | iStock/fizkes: U1 unten rechs
iStock/diego_cervo: U4 oben |iStock/nazar_ab: U4 mittig rechts
iStock/SanyaSM: U4 mittig links | iStock/tatyana_tomsickova: U4 unten

Innenteil:
Yasmin Karim (Illustrationen): 10, 12, 28, 42, 44, 46, 57 mittig, 61 unten, 64 mittig, 66, 67 mittig, 73 unten, 77 unten, 78 mittig, 79 oben, 81 mittig, 82, 83, 84, 85 mittig, 86 mittig, 87, 88 mittig, 90 mittig, 93 mittig, 99 oben rechts
iStock/Svitlana Hruts: 10, 11, 12, 13 oben links, 14 oben, 15 oben, 16 mittig rechts, 17, 20 mittig rechts, 21, 22 mittig rechts, 23 oben rechts, 24, 26, 27, 29, 30 oben mittig, 31, 32 oben, 33, 35, 28, 39, 40, 41 oben, 43, 45 oben rechts, 47 oben, 48, 51, 57 oben, 58, 59 oben, 60 61 oben, 62, 64 oben, 65, 68, 70, 72, 73 oben, 76, 77 oben, 78 oben, 81 oben, 85 oben, 86 oben, 88 oben, 89 oben links, 90 oben, 92 unten links, 93 oben, 94, 95, 96 oben links
iStock/MoMarad: 2 oben links, 8, 16 oben rechts | iStock/JackF: 2 oben mittig, 4, 53
AdobeStock/JackF: 2 oben rechts, 3 oben links, 18, 54 | iStock/Pekic: 3 oben rechts, 36
iStock/JLBarranco: 13 oben rechts | iStock/Wavebreakmedia: 14 unten
iStock/SolStock: 15 unten | iStock/fizkes: 20 oben links | iStock/edgardr: 22–23 oben mittig
AdobeStock/photographmd: 25 | iStock/SerrNovik: 30 mittig | iStock/kali9: 32 unten, 96
iStock/ideabug: 34 | iStock/Morsa images: 41 unten
AdobeStock/Dasha Petrenko: 45 oben links | iStock/playb: 47 unten
iStock/AndreyPopov: 50 | iStock/AsiaVision: 59 unten | iStock/monkeybusinessimages: 69
iStock/mediaphotos: 71 | iStock/nazar_ab: 74 | AdobeStock/Pannarai: 79 unten
iStock/tatyana_tomsickova: 89 oben rechts | iStock/familylifestyle: 92 unten mittig
iStock/supersizer: 95 | iStock/Ekaterina Prokosheva: 100, 102
iStock/ Andrii Shablovskyi: 103

MIX
Papier aus verantwortungsvollen Quellen
FSC® C106148

Originalausgabe | 1. Auflage | | Text: Gertrud Teusen
Redaktion: Gertrud Teusen, Aschheim | Illustration: Yasmin Karim, Düsseldorf | Einband, Layout und Satz: Karin Kröll, Hamburg
Druck: Aduprint Druckerei und Verlag GmbH, Csikós utca 8, 1033 Budapest, Ungarn | Printed: 2021
ISBN 978-3-96846-048-2

www.migo-verlag.de